AF222290

Lutz Schwalbach

Retail Management

Schnell und verständlich erklärt

ABSTRACT

"Retail Management schnell erklärt" ist ein unverzichtbares Buch für alle, die im Handel tätig sind oder sich für die Dynamik und die Herausforderungen dieser Branche interessieren. Das Buch bietet einen umfassenden Überblick über alle wesentlichen Aspekte des Retail Managements. Von der Standortwahl über das Ladenmanagement bis hin zu Sortiments- und Beschaffungsstrategien – alle wichtigen Themen werden strukturiert, komprimiert und verständlich erklärt.

Das Buch beleuchtet aktuelle Entwicklungen und Trends im Einzelhandel wie technologische Innovationen und Nachhaltigkeit. So bleibt der Handel auf dem neuesten Stand und kann sich zukunftssicher aufstellen.

Weiterhin werden verschiedene Methoden und Werkzeuge vorgestellt, die Ihnen helfen, Ihre Geschäftsprozesse zu optimieren. Von der ABC-Analyse bis hin zu modernen Geomarketing-Analysen erhalten Sie wertvolle Instrumente für Ihr tägliches Geschäft.

Trotz der fachlichen Tiefe ist das Buch leicht verständlich geschrieben und eignet sich sowohl für Einsteiger als auch für erfahrene Fachleute. Komplexe Themen werden klar und prägnant erklärt, sodass Sie schnell einen Zugang zu den Inhalten finden.

Dieses Buch ist ein wertvoller Begleiter für alle, die im Handel tätig sind oder sich für diese spannende Branche interessieren. Es bietet Ihnen das notwendige Wissen und die Werkzeuge, um erfolgreich zu sein und Ihr Unternehmen nachhaltig zu führen. Greifen Sie zu und lassen Sie sich von "Retail Management schnell erklärt" inspirieren und unterstützen!

Bibliografische Information der Deutschen Nationalbibliothek:
Die Deutsche Nationalbibliothek verzeichnet diese Publikation in der Deutschen Nationalbibliografie; detaillierte bibliografische Daten sind im Internet über http://dnd.dnd.de abrufbar.

Impressum:
1. Auflage 2025
Alle Rechte vorbehalten
© Lutz Schwalbach

Das Werk einschließlich aller seiner Teile ist urheberrechtlich geschützt. Jede Verwertung außerhalb der engen Grenzen des Urheberrechtsgesetz ist ohne Zustimmung des Autors unzulässig und strafbar. Dies gilt insbesondere für Vervielfältigungen, Übersetzung, Mikroverfilmung und die Speicherung und Verarbeitung in elektronischen Systemen.

Illustration und Umschlaggestaltung: Lutz Schwalbach
Deckblatt Foto: URL https://www.shotshop.com
Bild Nr. 28999327, Urhebervermerk: bloodua/Shotshop.com
Verlag: BoD · Books on Demand GmbH, In de Tarpen 42, 22848 Norderstedt, bod@bod.de
Druck: Libri Plureos GmbH, Friedensallee 273, 22763 Hamburg
Printed in Germany
ISBN-13: 978-3-8423-4605-5

Meine Arbeit und Ausführungen können niemals vollständig sein. Sie erfüllen aber den Anspruch, Hinweise und Hilfestellungen zum Verständnis des Retail Management. Die folgenden Ausführungen wurden nach bestem Wissen und Gewissen erstellt. Der Autor schließt jede Haftung und Gewähr aus.

Haftungsausschluss:

Das Werk inklusive aller Inhalte wurde unter größter Sorgfalt erarbeitet. Dennoch übernimmt der Autor keine Haftung für die Aktualität, Richtigkeit von Angaben, Ratschlägen, Hinweisen und Vollständigkeit der Inhalte, ebenso wenig für Druckfehler.

Die Benutzung dieser Arbeit und die Umsetzung der darin enthaltenen Darstellungen, Hinweise und Informationen erfolgt ausdrücklich auf eigenes Risiko. Der Autor kann für etwaige Unfälle und Schäden jeder Art, aus keinem Rechtsgrund, eine Haftung übernehmen. Haftungsansprüche gegen den Autor für Schäden materieller, menschlicher oder ideeller Art sind grundsätzlich ausgeschlossen.

Für die Inhalte von den in diesem Buch abgedruckten Internetseiten sind ausschließlich die Betreiber der jeweiligen Internetseiten verantwortlich. Der Autor hat keinen Einfluss auf Gestaltung und Inhalte fremder Internetseiten. Zum Zeitpunkt der Verwendung waren keinerlei illegalen Inhalte auf den Webseiten vorhanden.

Inhaltsverzeichnis

1.   Einleitung

Der Handel und insbesondere der Einzelhandel steht vor ständigen Herausforderungen, sei es durch technologische Innovationen, sich ändernde Kundenansprüche oder globale Marktdynamiken. Retail Management ermöglicht es, sich mit diesen Herausforderungen auseinanderzusetzen und Strategien zur Bewältigung zu entwickeln. In der globalen Wirtschaft spielt das Retail Management eine Schlüsselrolle, will man in einer internationalen Geschäftsumgebung erfolgreich agieren.

Das Retail Management erstreckt sich über die bloße singuläre Organisation von Handelsunternehmen hinaus und bietet eine reichhaltige Palette an spannenden Konzepten, Strategien und Herausforderungen. Dieses dynamische Fachgebiet verdient Aufmerksamkeit und hat einen bedeutenden Einfluss auf die heutige Geschäftswelt.

Eine tiefere Auseinandersetzung mit dem Retail Management ermöglicht nicht nur Einblicke in den Wertschöpfungsprozess von der Beschaffung bis zum Verkauf, sondern bildet auch eine entscheidende Grundlage für das Verständnis der informativen und logistischen Mechanismen der Wirtschaft. Retail Management verknüpft bspw. Marketingstrategien mit operativen Abläufen und bietet so eine ganzheitliche Sichtweise auf die Geschäftstätigkeit. Dieser integrative Ansatz ist einer der Schlüsselfaktoren für nachhaltigen Erfolg. Es werden Einblicke in das Konsumverhalten und die Präferenzen der Kunden gewonnen, was nicht nur für den Handel, sondern auch für die Entwicklung innovativer Produkte im produzierenden Gewerbe von unschätzbarem Wert ist.

1.1. Historische Betrachtung

Das Retail Management hat sich im Laufe der Jahrhunderte zu einem zentralen Bestandteil der Wirtschaft entwickelt. Seine Ursprünge reichen bis in die Antike zurück, als der Handel erstmals systematisch betrieben wurde. Die Entwicklung ist eng mit den gesellschaftlichen und wirtschaftlichen Veränderungen verbunden, die die Art und Weise des Warenaustauschs und Konsums geprägt haben.

Anfänge des Handels waren bereits in den frühen Hochkulturen, in Mesopotamien und Ägypten etwa, existierten Märkte, auf denen Waren gegen andere Güter oder Geld getauscht wurden. Diese Märkte bildeten die Grundlage für den Einzelhandel. Im antiken Griechenland sowie im Römischen Reich entstanden erste spezialisierte Läden und Marktplätze, die den Handel effizienter machten.

Im aufstrebenden Mittelalter und in der frühen Neuzeit spielte der Handel auf Jahrmärkten und in Handelsstädten eine zentrale Rolle. Gilden und Zünfte regelten den Warenaustausch und schufen erste Formen von Handelsvorschriften. Mit der Entdeckung neuer Handelsrouten und der Expansion des Seehandels in der frühen Neuzeit wurde der Handel internationalisiert. Kaufleute bauten Netzwerke auf, die den Austausch von Waren über weite Entfernungen ermöglichten.

Im 18. und 19. Jahrhundert führte die Industrialisierung zu einem rasanten Wachstum von Produktion (Angebot) und Konsum (Nachfrage). Der Handel entwickelte sich zu einem festen Bestandteil in der Wirtschaft. Erste Warenhäuser entstanden in großen Städten und boten eine Vielzahl von Produkten, umfangreiche Sortimente unter einem Dach (Verkaufsstelle) an.

Dies erforderte ein erstmalig professionelles Management, um Einkauf, Transport, Lagerung und Verkauf effizient zu organisieren.

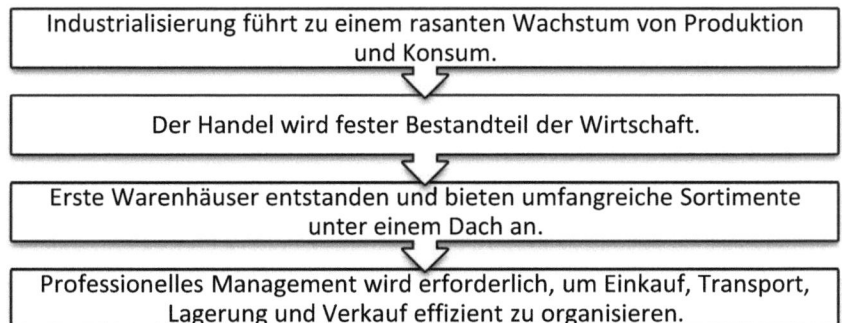

Abbildung 1: Handel in der Industrialisierung

Mit der Entwicklung der Konsumgesellschaft im 20. Jahrhundert nahm die Bedeutung des Retail Managements weiter zu und das moderne Retail Management wurde geboren. Filialketten und Supermärkte wurden populär und erforderten standardisierte Prozesse zur Steuerung von Sortimenten, Preisen und Marketingstrategien. Der Einsatz von Technologien wie Kassensystemen und Bestandsmanagementsoftware befeuerte die Branche.

Im heutigen 21. Jahrhundert haben Digitalisierung, das Internet und E-Commerce das Retail Management grundlegend verändert und weiterentwickelt. Online-Shopping und E-Commerce-Plattformen ermöglichen es Händlern, Kunden weltweit zu erreichen. Datenanalyse und Künstliche Intelligenz spielen eine immer größere Rolle bei der Personalisierung von Angeboten und der Optimierung von Lieferketten.

Standardisierte Prozesse zur Steuerung von Sortimenten, Preisen und Marketingstrategien werden erfolderlich.
Technologien wie Kassensystemen und Bestandsmanagementsoftware kommen auf.
Grundlegende Veränderungen im 21. Jahrhundert: Digitalisierung, das Internet und E-Commerce.
Online-Shopping und E-Commerce-Plattformen ermöglichen es Händlern, Kunden weltweit zu erreichen.
Datenanalyse und Künstliche Intelligenz spielen eine immer größere Rolle.
Angebote werden personalisiert und globale Lieferketten optimiert.

Abbildung 2: Einzug der Technik

Herauszustellen ist, dass Märkte nicht nur Orte des Warenaustauschs waren, sondern auch Motoren für wirtschaftliche und gesellschaftliche Entwicklungen, die das moderne Retail Management nachhaltig geprägt haben. Märkte spielen eine zentrale Rolle als Ursprung und Grundlage des Handels. Ihre Bedeutung lässt sich in mehreren Aspekten zusammenfassen:

- Wirtschaftliche Zentren: Märkte waren Treffpunkte für Produzenten, Händler und Konsumenten. Sie ermöglichten den Austausch von Waren und Dienstleistungen, was zur Entstehung von Handelsnetzwerken führte, und die wirtschaftliche Entwicklung förderte.

- Soziale und kulturelle Treffpunkte: Märkte dienten nicht nur dem Handel, sondern auch als Orte sozialer Interaktion. Hier wurden Informationen, Ideen und Innovationen ausgetauscht, was die kulturelle Entwicklung beeinflusste.

- Innovation und Spezialisierung: Durch den direkten Kontakt zwischen Anbietern und Kunden konnten Bedürfnisse und

Trends früh erkannt werden. Dies förderte die Produktentwicklung und Spezialisierung im Handel.

- Regulierung und Standardisierung: Im Mittelalter entwickelten sich Märkte zu regulierten Einrichtungen, die durch Gilden und Zünfte organisiert wurden. Dies schuf erste Standards für Qualität, Preise und Handelspraktiken.

- Grundlage für moderne Handelsformen: Die Strukturen und Prinzipien von Märkten bildeten die Basis für spätere Einzelhandelsformen wie Kaufhäuser, Supermärkte und Online-Plattformen.

Die technologische Entwicklung spielt eine ebenso wichtige Rolle im Retail Management, da sie den Handel effizienter, flexibler und kundenorientierter gestaltet. Technologische Innovationen haben das Retail Management revolutioniert, indem sie Prozesse optimiert, das Einkaufserlebnis erleichtert und den Zugang zu globalen Märkten geschaffen haben. Sie bilden heute die Grundlage für eine datengetriebene Handelsstrategie im digitalen Zeitalter.

- Automatisierung und Effizienzsteigerung: Durch moderne Kassensysteme, digitale Warenwirtschaftssysteme und automatisierte Lagerverwaltung können Bestände in Echtzeit überwacht und verwaltet werden. Dies reduziert Fehler, senkt Kosten und beschleunigt Prozesse.

- E-Commerce und Online-Plattformen: Die Digitalisierung hat den stationären Handel um Online-Shopping-Plattformen erweitert, wodurch Kunden weltweit einkaufen können. Dies bietet Händlern die Möglichkeit, ihre Reichweite zu erhöhen und neue Märkte zu erschließen.

- Datenanalyse und Künstliche Intelligenz (KI): Technologien zur Datenerfassung und -analyse ermöglichen ein besseres Verständnis des Kundenverhaltens. Mit KI können

Angebote personalisiert und Marketingstrategien optimiert werden. Predictive Analytics hilft dabei, zukünftige Trends vorherzusagen und frühzeitig darauf zu reagieren.

- Mobile Bezahlsysteme und Omni-Channel-Lösungen: Kontaktlose Zahlungssysteme und mobile Apps haben das Einkaufserlebnis vereinfacht. Omni-Channel-Ansätze verbinden den Online- und Offline-Handel, sodass Kunden flexibel zwischen beiden Kanälen wechseln können.
- Lieferkettenmanagement und Logistik: Fortschritte in der Logistiktechnologie, wie z. B. RFID (Radio-Frequency Identification) und IoT (Internet of Things), ermöglichen eine lückenlose Nachverfolgung von Warenströmen. Dies verbessert die Transparenz und Effizienz in der gesamten Lieferkette.
- Virtuelle und Augmented Reality (VR/AR): Neue Technologien wie VR und AR bieten Kunden immersive Einkaufserlebnisse, z. B. durch virtuelle Anproben oder interaktive Produktdarstellungen.

Das Retail Management hat sich von einfachen Tauschgeschäften auf dem Marktplatz in der Antike zu einem hochkomplexen System entwickelt, das auf technologischen Innovationen und datengetriebenen Entscheidungen basiert. Die Geschichte des Retail Managements zeigt, wie eng der Einzelhandel mit gesellschaftlichen und wirtschaftlichen Entwicklungen verflochten ist und sich stetig an neue Herausforderungen anpasst. Handelsmanagement und Retail Management unterscheiden sich hauptsächlich im Fokusbereich und Anwendungsfeld:

Umfasst den gesamten Handel: Groß- und Einzelhandel.

$\Downarrow$

Es betrachtet die gesamte Wertschöpfungskette von der Beschaffung bis zum Vertrieb.

$\Downarrow$

Beinhaltet internationale Handelsstrategien, Lieferantenmanagement, Vertriebskanäle und Marketingstrategie.

$\Downarrow$

Betrachtet den Handel auf einer Makroebene (gesamthafter Handelsprozesse, B2B und B2C).

Abbildung 3: Handelsmanagement

Das Handelsmanagement:

- Umfasst den gesamten Handel, einschließlich Großhandel und Einzelhandel.
- Es betrachtet die gesamte Wertschöpfungskette von der Beschaffung über die Lagerhaltung bis hin zum Vertrieb.
- Es behandelt Themen wie internationale Handelsstrategien, Lieferantenmanagement, Vertriebskanäle und Marketingstrategien für Unternehmen, die Waren an andere Unternehmen (B2B) oder Endkunden (B2C) verkaufen.
- Handelsmanagement betrachtet den Handel auf einer Makroebene (gesamthafter Handelsprozesse, B2B und B2C).
- Typische Anwendungsbereiche sind Großhandel, Import/Export, Zwischenhändler und Distributionsmanagement.

Das Retail Management:

- Konzentriert sich speziell auf den Einzelhandel (B2C), also den direkten Verkauf von Produkten an Endkunden.

- Es behandelt operative Themen wie Filialmanagement, Sortimentsgestaltung, Visual Merchandising, Kundenservice und Ladenlayout.
- Ziel ist die Optimierung der Kundenbindung und der Abverkaufszahlen im direkten Kundenkontakt.
- Retail Management ist ein Teilbereich des Handelsmanagements mit Fokus auf den Einzelhandel (B2C) und die Verkaufsstellen.

Konzentriert sich speziell auf den Einzelhandel (B2C).
Behandelt operative Themen wie Filialmanagement, Sortimentsgestaltung, Visual Merchandising, Kundenservice und Ladenlayout.
Ziel ist die Optimierung der Kundenbindung und der Abverkaufszahlen im direkten Kundenkontakt.
Retail Management ist ein Teilbereich des Handelsmanagements.

Abbildung 4: Retail Management

1.2. Nachhaltige Entwicklung

Nachhaltigkeit ist zu einem zentralen Thema im Retail Management geworden, da Unternehmen zunehmend aufgefordert werden, ökologisch und sozial verantwortungsvoll zu handeln. Die Entwicklung von nachhaltigen Strategien im Einzelhandel reflektiert das gestiegene Umweltbewusstsein von Verbrauchern und die Notwendigkeit, globale Herausforderungen wie den Klimawandel anzugehen. Diese nachfolgenden Ausführungen beleuchten die historische Entwicklung, aktuelle Trends und zukünftige Perspektiven im Hinblick auf CO_2-Bilanzen, Lieferketten und Dekarbonisierung.

- Historische Entwicklung der Nachhaltigkeit im Retail Management:
  Frühe Ansätze zur Nachhaltigkeit im Einzelhandel konzentrierten sich auf die Einhaltung von Umweltauflagen und die Reduzierung von Abfall. In den 1990er Jahren begann der Handel, Recycling-Programme einzuführen und energiesparende Technologien zu nutzen. Mit der Jahrtausendwende rückten nachhaltige Lieferketten und soziale Verantwortung stärker in den Fokus. Zertifizierungen wie Fair Trade, Resy-Zeichen und Bio-Siegel gewannen an Bedeutung und beeinflussten das Einkaufsverhalten der Kunden.

- Heutige CO_2-Bilanz und Wille zur Dekarbonisierung:
  Heute ist die ganzheitliche Verbesserung der CO_2-Bilanz ein zentrales Ziel im Retail Management. Unternehmen setzen verstärkt auf erneuerbare Energien, energieeffiziente Beleuchtung und Gebäudetechnologien, um ihren Energieverbrauch zu senken. Darüber hinaus erfolgt die Dekarbonisierung durch die Umstellung auf emissionsarme Transportmittel und die Optimierung von Logistiknetzwerken. Die Einführung von Elektrofahrzeugen oder die Nutzung von Wasserstofftechnologien sind wichtige Schritte in diesem Prozess.

- Nachhaltige Lieferketten:
  Die Transparenz und Nachhaltigkeit von Lieferketten stehen im Mittelpunkt moderner Einzelhandelsstrategien. Digitale Technologien wie Blockchain ermöglichen eine lückenlose Rückverfolgbarkeit von Produkten. Dies stärkt das Vertrauen der Verbraucher und unterstützt ethische Praktiken entlang der gesamten Wertschöpfungskette. Händler achten zunehmend auf soziale und faire Arbeitsbe-

dingungen, umweltfreundliche Materialien und lokale Bezugsquellen, um Transportwege zu verkürzen und die Umweltbelastung zu minimieren.

- Kreislaufwirtschaft und Recycling:
Ein weiterer Schwerpunkt ist die Einführung von Konzepten der Kreislaufwirtschaft. Unternehmen entwickeln Produkte, die wiederverwertbar, reparierbar oder biologisch abbaubar sind. Recyclingprogramme, Mehrwegverpackungen und Rücknahmesysteme fördern die Ressourcenschonung und minimieren Abfall.

- Kundenerwartungen und Marktdruck:
Verbraucher erwarten zunehmend Transparenz über die Herkunft von Produkten (bspw. Fleischwaren) und deren Auswirkungen auf die Umwelt. Unternehmen müssen diese Erwartungen erfüllen, um wettbewerbsfähig zu bleiben. Nachhaltigkeit wird daher nicht nur als ethische Verpflichtung, sondern mit als wirtschaftlicher Vorteil betrachtet.

Die zukünftige Entwicklung zu einem nachhaltigen Retail Management wird stark von technologischen Innovationen und regulatorischen Anforderungen geprägt sein. Inwieweit Künstliche Intelligenz und Big Data neue Möglichkeiten zur Analyse von Nachhaltigkeitsdaten bieten werden und zur Optimierung von Prozessen beitragen, bleibt noch abzuwarten. Primär treiben gesetzliche Vorgaben zur CO_2-Reduzierung und Kreislaufwirtschaft den Wandel stark voran. Auch der Wille der Handeltreibenden zur freiwilligen Selbstverpflichtung spielt eine große Rolle.

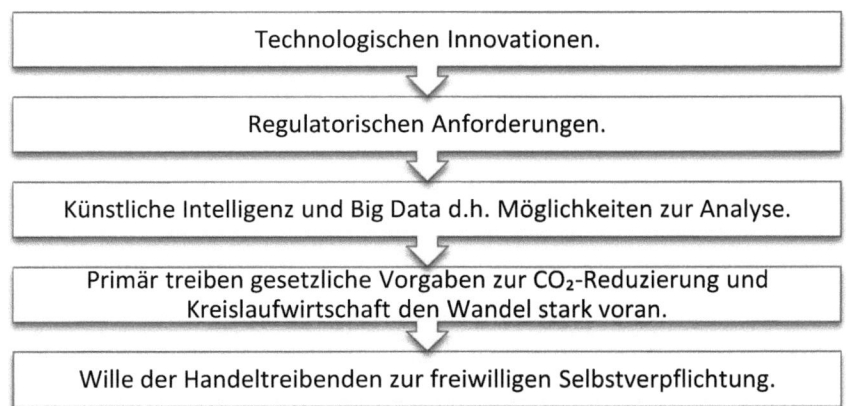

Abbildung 5: Entwicklungen

Nachhaltigkeit ist bereits im Retail Management zu einem integralen Bestandteil geworden. Die Herausforderungen im Zusammenhang mit CO_2-Bilanzen, Lieferketten und Dekarbonisierung erfordern neues Denken, innovative Ansätze und kontinuierliche Anpassungen. Der Einzelhandel trägt eine besondere Verantwortung, um ökologische und soziale Standards zu fördern und gleichzeitig wirtschaftlich erfolgreich zu bleiben. Diese gesellschaftlichen Entwicklungen und Umweltanpassungen zeigen, dass nachhaltiges Handeln nicht nur eine Notwendigkeit, sondern auch eine Chance für Wettbewerbsfähigkeit ist.

1.3. Handelskonzeption

Retail Management umfasst auch die Planung, Steuerung und Kontrolle aller Geschäftsaktivitäten im Einzelhandel, um Waren und Dienstleistungen effizient an Endkunden zu verkaufen. Dies beinhaltet strategische Entscheidungen zu Sortiment, Preisgestaltung, Marketing, Logistik und Kundenservice, um die Rentabilität und Kundenzufriedenheit zu maximieren.

Hierbei liegt der Fokus auf der Schaffung einer nahtlosen Verbindung zwischen Produkten und Kunden, um optimale Kundenerlebnisse zu gewährleisten. Es ist ein umfassender Ansatz für die Organisation und Führung von Unternehmen im Handel.

Zu den zentralen Aspekten des Retail Managements gehören:

- Standortwahl: Auswahl und Optimierung von Geschäftsstandorten basierend auf Marktanalysen. Die Auswahl des richtigen Standorts für ein Einzelhandelsgeschäft ist von entscheidender Bedeutung. Faktoren wie Fußgängerverkehr, Wettbewerbsumfeld und regionale Demografie müssen berücksichtigt werden

- Ladenmanagement: Gestaltung und Führung von Verkaufsflächen (Visual Merchandising). Das Layout eines Ladens beeinflusst maßgeblich das Einkaufsverhalten der Kunden. Eine sorgfältige Platzierung von Produkten und ein ansprechendes Visual Merchandising tragen zur Schaffung einer einladenden Atmosphäre bei.

- Sortimentsgestaltung: Auswahl und Strukturierung des Produktangebots neben Planung und Steuerung des Produktangebots, einschließlich Sortimentsbreite und -tiefe. Das richtige Produktsortiment ist entscheidend. Eine effektive Sortimentsgestaltung berücksichtigt Trends, saisonale Schwankungen und Kundenpräferenzen. Die permanente Optimierung des Sortiments basierend auf Verkaufsdaten und Marktanalysen ist ein kontinuierlicher Prozess.

- Lager- und Bestandsmanagement: Organisation der Warenverfügbarkeit und Bestandskontrolle zur Vermeidung von Engpässen oder Überbeständen.

- Beschaffungsmanagement: Planung und Organisation der Warenbeschaffung sowie Steuerung der Warenströme von der Beschaffung bis zur Auslieferung an den Verkaufsort.
- Vertriebsmanagement: Planung und Umsetzung von Verkaufs- und Vertriebsstrategien.
- Marketing und Verkaufsförderung: Entwicklung von Marketingstrategien und -maßnahmen, Entwicklung von Werbestrategien, Aktionen und Kundenbindungsprogrammen.
- Preis- und Konditionsmanagement: Festlegung von Preisen, Rabatten und Konditionen zur Gewinnmaximierung und Kundenbindung. Die Festlegung von Preisen erfordert eine ausgewogene Strategie. Rabatte, Sonderangebote und strategische Preispositionierung spielen eine Rolle bei der Wahrnehmung des Werts durch den Kunden.
- Kundenmanagement: Aufbau und Pflege von Kundenbeziehungen und Kundenservice bedeutet Aufbau und Pflege von Kundenbeziehungen durch Servicequalität und Kundenerlebnis. Retail Management ist in erster Linie kundenorientiert. Eine tiefe Kenntnis der Kundenbedürfnisse und -erwartungen ist unerlässlich, um ein erfolgreiches Einzelhandelsunternehmen zu führen. Die Schaffung personalisierter Einkaufserlebnisse ist ein wesentlicher Bestandteil, um Kundenbindung und -zufriedenheit zu fördern. Das Management von Kundenbeziehungen ist von zentraler Bedeutung. Customer-Relationship-Management (CRM) umfasst Strategien zur Kundenbindung, Kundenrückgewinnung und gezielten Marketingaktivitäten.
- Logistik und Supply-Chain-Management (SCM): Optimierung von Logistikprozessen und Lieferketten, d.h.: Steuerung der Warenströme von der Beschaffung bis zur Auslieferung an den Verkaufsort.

- Technologieeinsatz: Integration von Technologien zur Effizienzsteigerung wie bspw. Nutzung von Kassensystemen, E-Commerce-Plattformen und Datenanalyse zur Effizienzsteigerung. Die Nutzung von Datenanalytik für fundierte Entscheidungen wird weiter zunehmen. Die Identifizierung von Trends und das Verständnis des Kundenverhaltens sind entscheidend für den Erfolg. Die Integration von Technologie ist nicht mehr optional. Kassensysteme, E-Commerce-Plattformen, mobile Apps und Datenanalyse spielen eine entscheidende Rolle im modernen Retail Management. Die zunehmende Bedeutung des Online-Handels erfordert eine Integration von E-Commerce-Plattformen mit physischen Geschäften, um eine nahtlose Omni-Channel-Erfahrung zu bieten.
- Personalmanagement: Führung, Schulung und Einsatz von Mitarbeitern zur optimalen Betreuung der Kunden. Die Schulung und Motivation des Verkaufspersonals sind unerlässlich. Freundlicher Kundenservice und kompetente Beratung beeinflussen maßgeblich das Einkaufserlebnis.
- Finanzmanagement: Planung und Kontrolle finanzieller Ressourcen im Handelsunternehmen beinhaltet Budgetierung, Kostenkontrolle und Rentabilitätsanalysen.

Ergänzend ist, aus den allgemeinen Lehren der Betriebswirtschaft, das Innovationsmanagement und die Ausrichtung zu einer Nachhaltigkeit nachzutragen.

- Einzelhandelsunternehmen müssen sich kontinuierlich an neue Trends anpassen. Innovationsmanagement ermöglicht die Einführung neuer Technologien, Produkte oder Dienstleistungen

- Nachhaltige Praktiken werden immer wichtiger. Unternehmen müssen ökologische und soziale Verantwortung übernehmen, um das Vertrauen der Kunden zu gewinnen.

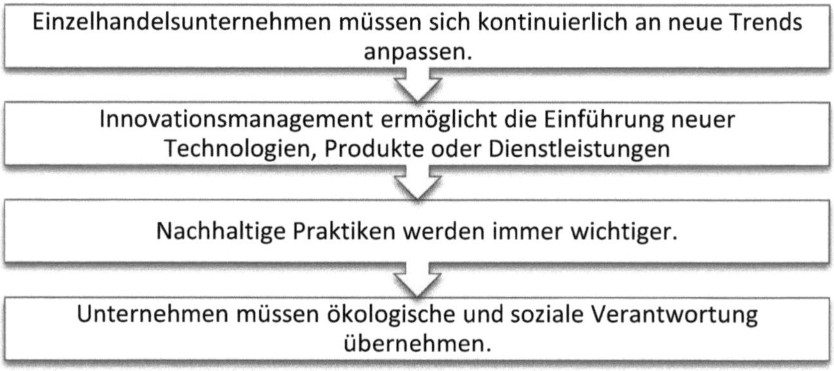

> Einzelhandelsunternehmen müssen sich kontinuierlich an neue Trends anpassen.

> Innovationsmanagement ermöglicht die Einführung neuer Technologien, Produkte oder Dienstleistungen

> Nachhaltige Praktiken werden immer wichtiger.

> Unternehmen müssen ökologische und soziale Verantwortung übernehmen.

Abbildung 6: Zwang der Anpassung

Das Retail Management ist also ein breit gefächertes Feld, das alle vorhandenen Aspekte eines Handelsunternehmens erfasst, um deren Wettbewerbsfähigkeit zu steigern und den Kundenbedürfnissen gerecht zu werden. Damit werden die wesentlichen Konzepte des Retail Managements erfasst und ein umfassendes Verständnis für dessen Funktion und Steuerung gegeben.

1.4. Ziele im Handel

Retail Management verfolgt eine Vielzahl von Zielen, welche dazu beitragen, den Erfolg des Handelsunternehmens zu sichern und gleichzeitig die Bedürfnisse der Kunden zu erfüllen. Die Ziele des Retail Managements lauten:

- Umsatz- und Gewinnsteigerung: Ein zentrales Ziel ist es, Umsatz und Gewinn zu steigern. Dies wird durch gezielte Marketingstrategien, Verkaufsförderungsaktionen, effektive Produktplatzierung, attraktive Verkaufsaktionen und Preisgestaltung erreicht.

- Kundenzufriedenheit und -bindung: Diese zielen darauf ab, Kunden nicht nur zufriedenzustellen, sondern sie auch langfristig an das Unternehmen zu binden. Kundentreue trägt zur Rentabilität bei. Dies kann durch hervorragenden Kundenservice, qualitativ hochwertige Produkte und ein angenehmes Einkaufserlebnis erreicht werden sowie mittels Kundenbindung (bspw. Kundenkarten).

- Effiziente Bestandsführung und -verwaltung: Die Optimierung von Lagerbeständen und eine korrekte Bestandsführung sind betriebswirtschaftliche Ziele (working capital, Warenumschlag). Hierdurch wird vermieden, dass Produkte veralten oder unverkäuflich werden. Ein gutes Retail Management sorgt für eine produktive Verwaltung des Warenbestands. Dies bedeutet, die richtigen Produkte zur richtigen Zeit und in der richtigen Menge auf Lager zu haben, um den Kundenbedarf zu decken und gleichzeitig die Lagerkosten zu minimieren

- Operative Excellence: Einzelhandelsunternehmen streben nach Effizienz, um Kosten zu minimieren und Gewinne zu maximieren. Dies beinhaltet Aspekte wie Lagerverwaltung, Logistikoptimierung und effektive Personaleinsatzplanung. Das Management strebt nach der Minimierung der Betriebskosten, ohne die Qualität der Produkte oder Dienstleistungen zu beeinträchtigen. Dies kann durch Prozessoptimierungen, Verhandlungen mit Lieferanten und den Einsatz von Technologie erreicht werden

- Markenimage und Positionierung: Die Pflege eines positiven Markenimages und die klare Positionierung am Markt sind wichtige Ziele. Wie wird das Unternehmen von Kunden wahrgenommen und wie differenziert es sich vom Mitbewerber.

- Erfolgreiche Sortimentsgestaltung: Die Zusammenstellung eines attraktiven und bedarfsgerechten Produktangebots ist ein entscheidender Zielbeitrag. Ein gut sortiertes Sortiment trägt dazu bei, die Bedürfnisse der Zielgruppe zu erfüllen und die Verkaufschancen zu maximieren. Ein weiteres wichtiges Ziel ist es, Markttrends zum Sortiment (Angebot) zu beobachten und das Geschäftsmodell entsprechend anzupassen. Dies hilft, wettbewerbsfähig zu bleiben und auf Veränderungen im Marktumfeld schnell zu reagieren.

- Multi-Channel-Integration: In der heutigen digitalen Ära strebt das Retail Management danach, nahtlose Multi-Channel-Erlebnisse zu schaffen. Die Integration von Online- und Offline-Verkaufskanälen ermöglicht es, Kunden auf verschiedenen Wegen und Plattformen während 24 Stunden am Tag zu erreichen.

- Nachhaltigkeit und soziale Verantwortung: Im Zuge eines zunehmenden Umweltbewusstseins und sozialer Verantwortung sind diese Ziele ein wichtiger Bestandteil des Retail Managements. Unternehmen setzen vermehrt auf nachhaltige Produkte und Praktiken, um den Erwartungen der Kunden gerecht zu werden. Immer mehr Unternehmen setzen sich das Ziel, nachhaltiger zu wirtschaften und üben somit Druck auf den Handel aus. Dies kann durch umweltfreundliche Verpackungen, nachwachsende Rohstoffe, die Reduzierung von Abfall und den verantwortungsvollen Umgang mit Ressourcen erreicht werden.

- Anpassung an Marktveränderungen: Die Fähigkeit, sich an sich ständig ändernde Marktbedingungen anzupassen, ist ein wesentliches Ziel. Flexibilität und Reaktionsfähigkeit auf Trends und Kundenbedürfnisse sind entscheidend für den langfristigen Erfolg im Einzelhandel.
- Mitarbeitermotivation und -entwicklung: Ein motiviertes und gut ausgebildetes Verkaufsteam ist entscheidend für den Erfolg im Handel. Das Retail Management investiert daher in die Schulung und Entwicklung der Mitarbeiter, um deren Fähigkeiten zu verbessern und den Kunden zufrieden zu stellen. Dabei wird zukünftig zwischen physischer oder KI-basierter Verkaufsunterstützung unterschieden werden müssen.

1.5. Bedeutung des Handels

Der Handel und insbesondere der Einzelhandel in Deutschland steht vor ständigen Veränderungen und Herausforderungen, jedoch bieten innovative Strategien und Technologien auch vielfältige Chancen. Der Handel spielt eine Schlüsselrolle in der Gesellschaft, wie in den nachfolgenden Aspekten ausgeführt wird:

- Wirtschaftliche Bedeutung:

Der Einzelhandel ist der drittgrößte Wirtschaftszweig in Deutschland mit einem Umsatz von knapp 657 Milliarden Euro[1] und beschäftigt rund 3,67 Millionen Menschen im Einzelhandel.

---

[1] Vgl.: URL https://einzelhandel.de/presse/zahlenfaktengrafiken/1022-konjunktur/11935-umsatzwachstum-setzt-sich-fort#:~:text=Der%20HDE%20geht%20f%C3%BCr%20das,Milliarden%20Euro%20in%20Deutschland%20aus, Zugriff 20.12.2024, HDE, o.V..

Weiterhin kommen 1,89 Millionen Menschen im Großhandel und 857 Tausend Menschen im KFZ-Handel dazu[2]. Der Handel ist somit einer der größten Arbeitgeber in Deutschland und bietet ca. 6 Millionen Menschen Arbeitsplätze. Dies macht ihn zu einem bedeutenden Arbeitgeber und einem wichtigen Motor der Wirtschaft. Wenn man die indirekt Beschäftigten hinzuzählt, wie z.B. diejenigen in der Logistik, im Großhandel und in anderen unterstützenden Dienstleistungen, steigt diese Zahl erheblich an.

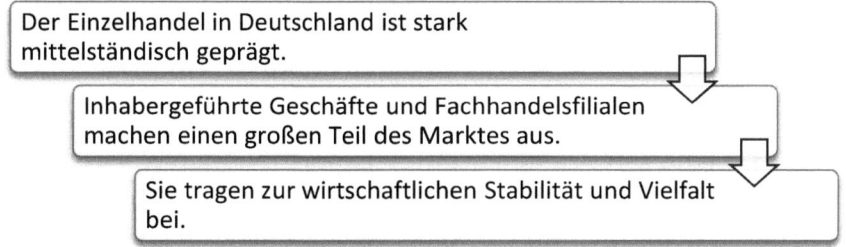

Abbildung 7: Handelsprägung

Der Einzelhandel in Deutschland ist stark mittelständisch geprägt. Inhabergeführte Geschäfte und Fachhandelsfilialen machen einen großen Teil des Marktes aus und tragen zur wirtschaftlichen Stabilität und Vielfalt bei.

- Steuereinnahmen:

Der Handel generiert in Deutschland erhebliche Steuereinnahmen durch Umsatz- und Mehrwertsteuer, was einen wichtigen Beitrag zur Finanzierung öffentlicher Aufgaben leistet.

---

[2] Vgl.: URL https://de.statista.com/statistik/daten/studie/198896/umfrage/beschaeftigte-im-handel-in-deutschland-nach-wirtschaftsbereichen/#:~:text= Im%20Jahr%202022%20arbeiteten%20rund,3%2C68%20Millionen%20 Menschen%20besch%C3%A4ftigt., Zugriff 20.12.2024, Statista, o.V..

- Versorgungssicherheit:

Der Handel stellt die kontinuierliche Versorgung der Bevölkerung mit Lebensmitteln, Kleidung, Technologie und anderen Produkten des täglichen Bedarfs sicher. Gerade in Krisenzeiten, wie der COVID-19-Pandemie, wurde die Rolle des Handels als systemrelevante Branche jedem Menschen besonders deutlich.

- Regionalentwicklung:

Der stationäre Einzelhandel belebt die Städte und trägt wesentlich zur Attraktivität von Innenstädten und zur regionalen Entwicklung bei. Einkaufszentren und Geschäfte sind Treffpunkte und fördern die soziale Interaktion in Städten und Gemeinden.

- Export und Import:

Deutschland zählt zu den größten Exportnationen weltweit mit 1.590 Mrd. € Export und 224 Mrd. € Exportüberschuss[3]. Dadurch spielt der Handel eine Schlüsselrolle in der globalen Lieferkette. Der Großhandel ist ein wichtiger Knotenpunkt im internationalen Warenverkehr und trägt zur weltweiten Vernetzung deutscher Unternehmen bei.

- Logistik und Infrastruktur:

Mit einem gut ausgebauten Logistiknetz und modernen Verkehrswegen ist Deutschland ein bedeutender Handelsstandort in Europa. Hochseehäfen wie Hamburg und Flughäfen wie Frankfurt sind zentrale Umschlagplätze für den globalen Warenverkehr[4].

---

[3] Vgl.: URL https://www.destatis.de/DE/Themen/Wirtschaft/Aussenhandel /_inhalt.html, DESTATIS, Zugriff 21.12.2024, o.V..

[4] Vgl.: URL https://de.statista.com/statistik/daten/studie/239221/umfrage/groesste-haefen-in-deutschland-nach-gueterumschlag/, statista, 21.12.2024, o.V..

1.6. Entwicklungen und Trends

Der Handel steht aktuell vor einem tiefgreifenden Wandel, der durch Technologisierung, Nachhaltigkeit, veränderte Konsumentenanforderungen und wirtschaftliche Herausforderungen geprägt ist. Wer langfristig erfolgreich sein will, muss flexibel auf diese Trends reagieren, innovative Lösungen entwickeln und sich an den wachsenden Ansprüchen der Verbraucher und der Umweltpolitik orientieren.

Der Einzelhandel befindet sich somit in einem ständigen Wandel, aktuell geprägt durch innovative technologische Entwicklungen und sich verändernde Verbraucherpräferenzen.

Der Handel steht aktuell vor einem tiefgreifenden Wandel.
Getrieben durch Trends: Technologisierung, Nachhaltigkeit, veränderte Konsumentenanforderungen und wirtschaftliche Herausforderungen.
Wer langfristig erfolgreich sein will, muss flexibel auf diese Trends reagieren.
Nicht umsonst gilt das alte Sprichwort: „Handel ist Wandel".
Der Ausdruck verdeutlicht, dass der Handel sich kontinuierlich an neue anpassen muss, um wettbewerbsfähig zu bleiben.
Diese ständige Veränderung ist ein wesentlicher Bestandteil im Handel.
Der Satz "Handel ist Wandel" wird verwendet wird, um die ständige Veränderung zu beschreiben.
Vergleiche "Survival of the fittest" nach Charles Darwins.

Abbildung 8: Handel ist Wandel

Nicht umsonst gilt das alte Sprichwort: „Handel ist Wandel"[5]. Der Ausdruck verdeutlicht, dass der Handel sich kontinuierlich an neue Marktbedingungen, Konsumtrends und technologische Entwicklungen anpassen muss, um wettbewerbsfähig zu bleiben[6]. Diese ständige Veränderung ist ein wesentlicher Bestandteil im Handel und spiegelt die dynamische Natur des Handels wider.

Der Handel in Deutschland wird derzeit von einer Vielzahl an Faktoren und Entwicklungen beeinflusst und geprägt. Diese umfassen wirtschaftliche, technologische, gesellschaftliche und ökologische Trends, die den Markt nachhaltig verändern wie

Digitalisierung und Technologie:

- E-Commerce-Boom: Der Onlinehandel wächst rasant und verändert das Kaufverhalten. Plattformen wie Amazon und Zalando dominieren, während stationäre Händler zunehmend auf Omni-Channel-Strategien setzen.
- Künstliche Intelligenz (KI): KI-gestützte Systeme optimieren Prozesse, z. B. personalisierte Produktempfehlungen, Lagerverwaltung und Nachfrageprognosen. Data Analytics liefert wertvolle Einblicke in das Verbraucherverhalten, um fundierte strategische Entscheidungen zu treffen.

---

[5] Anmerkung: Der Satz "Handel ist Wandel" ist ein geflügeltes Wort, das oft verwendet wird, um die ständige Veränderung und Anpassung im Handelssektor zu beschreiben. Die genaue Herkunft des Satzes ist nicht eindeutig dokumentiert, aber er wird häufig von Führungskräften im Handel benutzt, um die Notwendigkeit der Veränderungsbereitschaft in Handelsunternehmen zu betonen.

[6] Vgl.: „Survival of the fittest" nach dem Werk von Charles Darwins "On the Origin of Species" (dt. über die Entstehung der Arten). Es bedeutet, dass in der Natur diejenigen Organismen überleben und sich fortpflanzen, die am besten an ihre Umwelt angepasst sind. Es geht nicht unbedingt um die Stärksten oder Schnellsten, sondern um diejenigen, die am besten in der Lage sind, sich an veränderte Bedingungen anzupassen.

- Automatisierung und Robotik: Effizienzsteigerungen in der Logistik und im Warenhandling durch Robotik und automatische Kassensysteme (z. B. Self-Checkout Kassen).
- Mobile Commerce: Einkäufe über Smartphones und Apps werden immer beliebter. Zahlungsmethoden wie Mobile Payment (z. B. Google Pay, Apple Pay) gewinnen an Bedeutung.

Gesellschaftliche Entwicklungen:

- Kundenverhalten und Erwartungen: Konsumenten erwarten Flexibilität (z. B. Lieferung am gleichen Tag).
- Neue Formen des Einzelhandels wie Pop-Up Stores oder Experience Stores. Pop-Up Stores als temporäre Geschäfte bieten eine einzigartige Gelegenheit, Produkte zu präsentieren und die Aufmerksamkeit der Kunden zu gewinnen. Experience Stores werden vermehrt als Erlebnisräume gestaltet, um Kunden anzuziehen und emotionale Bindungen zu schaffen. Events, Workshops und interaktive Elemente prägen das Konzept von Experience Stores.
- Personalisierung und individuelle Kundenansprache gewinnen an Bedeutung.
- Erlebnisorientiertes Einkaufen und Showrooms ersetzen klassische Verkaufsflächen. AR und VR schaffen immersive Einkaufserlebnisse, indem sie virtuelle Elemente in die reale Umgebung integrieren. Probiermöglichkeiten virtueller Produkte und virtuelle Ladenrundgänge sind Beispiele für den Einsatz dieser Technologien.

Demografischer Wandel:

- Die alternde Bevölkerung erfordert gezielte Anpassungen, z. B. barrierefreie Geschäfte und spezifische Produkte. Junge Käufer legen mehr Wert auf Nachhaltigkeit und digitale Interaktion.

- Städte und Ballungsräume wachsen, wodurch der stationäre Handel im ländlichen Raum unter Druck gerät (Urbanisierung).

- Die zunehmende Technologisierung erfordert qualifiziertes Personal, was zu einem Fachkräftemangel führen kann. Fortlaufende Schulungen und Anpassungen in den Personalstrukturen sind notwendig.

Nachhaltigkeit und Umweltbewusstsein:

- Nachhaltige Lieferketten: Unternehmen werden zunehmend an ihrem ökologischen Fußabdruck gemessen. Transparenz und Zertifikate (z. B. Fairtrade) gewinnen an Bedeutung.

- Verpackungsreduzierung: Händler setzen verstärkt auf plastikfreie Verpackungen und recycelbare Materialien.

- Klimaschutzmaßnahmen: Händler investieren in energieeffiziente Logistik (z. B. Elektrofahrzeuge) und grüne Technologien.

- Secondhand- und Kreislaufwirtschaft: Der Trend zu Re-Commerce (z. B. eBay Kleinanzeigen, Kleiderkreisel) wächst, wodurch nachhaltiger Konsum gefördert wird.

Wirtschaftliche Rahmenbedingungen:

- Inflation und Preissteigerungen: Höhere Rohstoff- und Energiekosten sowie globale Lieferkettenprobleme beeinflussen Preise und Margen.

- Energiekrise: Steigende Energiekosten zwingen den Handel zu Effizienzsteigerungen und Einsparmaßnahmen.

- Lieferkettenprobleme: Die COVID-19-Pandemie und geopolitische Konflikte (z. B. Krieg in der Ukraine) stören die weltweiten Lieferketten und sorgen für Unsicherheit.

- Arbeitskräftemangel: Der Fachkräftemangel betrifft auch den Handel, besonders in den Bereichen Logistik und Verkauf.

- Datenschutz: Mit der verstärkten Nutzung von Kundendaten entstehen Herausforderungen im Bereich Datenschutz und Sicherheit. Ein sorgfältiges Datenmanagement ist entscheidend, um Vertrauen zu wahren.

Wettbewerb und Marktstrukturen:

- Konzentration auf große Anbieter: Internationale Plattformen wie Amazon, Temu und Alibaba verdrängen kleinere Händler.

- Preiswettbewerb: Verbraucher erwarten günstige Preise, erfahren Preistransparenz und -vergleich, was den Druck auf Händler erhöht.

- Direct-to-Consumer (D2C): Marken verkaufen zunehmend online direkt an Endkunden und umgehen traditionelle Handelskanäle.

Politische und rechtliche Einflüsse:

- Lieferkettengesetz: Unternehmen müssen menschenrechtliche und ökologische Standards in ihren Lieferketten gewährleisten.

- Datenschutz (DSGVO): Strenge Vorgaben beim Umgang mit Kundendaten beeinflussen Marketing- und Verkaufsstrategien.

- Verpackungsgesetz: Händler müssen gesetzliche Vorgaben zur Müllvermeidung und Recyclingquoten erfüllen.

1.7. Wandel im Handel

Historische Beispiele belegen den Wandel im Handel und zeigen, wie sich Handelspraktiken und -strukturen im Laufe der Zeit verändert haben:

Antike Handelsrouten:

- Seidenstraße: Diese berühmte Handelsroute verband China mit dem Mittelmeerraum und ermöglichte den Austausch von Seide, Gewürzen, Edelsteinen und anderen Luxusgütern. Sie war ein frühes Beispiel für globalen Handel und kulturellen Austausch.

- Bernsteinstraße: Diese Route verband die Ostsee mit dem Mittelmeer und war bekannt für den Handel mit Bernstein. Sie zeigt, wie spezialisierte Handelsrouten entstanden, um spezifische Güter zu transportieren.

Netzwerke im Mittelalter und Handelsrouten der frühen Neuzeit:

- Hanse: Das Hanseatische Handelsbündnis war ein Netzwerk von Kaufleuten und Städten in Nord- und Mitteleuropa, das den Handel im Mittelalter dominierte. Die Hanse entwickelte Handelsprivilegien und Schutzmaßnahmen für ihre Mitglieder.

- Entdeckung Amerikas: Die Entdeckung der Neuen Welt durch Christoph Kolumbus führte zu einem massiven Wandel im globalen Handel. Neue Handelsrouten wurden etabliert, und der Austausch von Gütern wie Zucker, Tabak und Baumwolle nahm zu.

Transport und stationärer Handel durch die industrielle Revolution:

- Eisenbahn und Dampfschiffe: Die Einführung der Eisenbahn und Dampfschiffe im 19. Jahrhundert revolutionierte den

Handel, indem sie den Transport von Gütern schneller und kostengünstiger machten. Dies führte zu einer erheblichen Ausweitung des Handelsnetzes.

- Warenhäuser: Mitte des 19. Jahrhunderts entstanden die ersten großen Warenhäuser, wie „Au Bon Marché (1838)" in Paris und „Macy's" in New York (1858). Diese Geschäfte boten eine breite Palette von Produkten unter einem Dach und veränderten das Einkaufserlebnis grundlegend. Die ersten großen Warenhäuser in Deutschland entstanden im späten 19. und frühen 20. Jahrhundert. Das Warenhaus Wertheim wurde 1897 in Berlin eröffnet und war eines der größten und modernsten Warenhäuser seiner Zeit. Leonhard Tietz eröffnete 1891 sein erstes Warenhaus Tietz (später Hertie) in Wuppertal. Die Tietz-Warenhäuser expandierten schnell und wurden später unter dem Namen Hertie bekannt. Rudolf Karstadt eröffnete 1881 sein erstes Geschäft in Wismar. Karstadt entwickelte sich zu einer der größten Warenhausketten in Deutschland und prägte den Einzelhandel maßgeblich. Das KaDeWe wurde 1907 in Berlin eröffnet und ist bis heute eines der bekanntesten und größten Warenhäuser in Deutschland. Es ist berühmt für seine luxuriöse Ausstattung und das umfangreiche Sortiment.

Digital und zukünftig nachhaltig:

- Digitalisierung und E-Commerce: In den letzten Jahrzehnten hat die Digitalisierung den Handel erneut transformiert. Online-Plattformen wie Amazon und Alibaba haben den globalen Handel revolutioniert und den Zugang zu einer Vielzahl von Produkten erleichtert.

- Nachhaltigkeit: Der moderne Handel passt sich zunehmend an nachhaltige Praktiken an. Unternehmen setzen auf umweltfreundliche Lieferketten und nachhaltige Produkte, um den ökologischen Fußabdruck zu reduzieren.

1.8. Abgrenzungen

Um die bessere Lesbarkeit zu fördern, wurden zu den Inhalten im vorliegenden Text auf die gleichzeitige Verwendung männlicher sowie weiblicher Sprachformen verzichtet. Anstatt dessen, wird das generische Maskulinum angewendet. Daher gelten alle Personenbezeichnungen gleichermaßen für beide Geschlechter.

In dem vorliegenden Werk geht es inhaltlich um einen Überblick zum Retail Management. Dem Autor ist bewusst, dass es nahezu unmöglich ist, das Superoptimum zu beschreiben und dass manches einen Kompromiss erfordert.

- Die Erarbeitung basiert u.a. auf der Auswertung von Literaturquellen, gängigen Methoden und Erfahrungen aus der Praxis.
- Die Ergebnisse erfolgen als Vorschlag einer strukturierten Methodik.
- Die Arbeit erhebt keinen Anspruch auf Vollständigkeit.
- Die gewonnenen Ergebnisse sollten auf betrieblicher Ebene einem kaufmännischen Sachbearbeiter/-in vermittelbar sein.

In der Vielfalt der globalen Beschaffung und des Handels müssen je nach Unternehmen und individuellen Bedürfnissen Verfeinerungen oder Adaptionen vorgenommen werden.

In der vorgelegten Arbeit kann nicht zu allen Punkten eine umfassende Darstellung geboten werden. Das Hauptziel der Arbeit besteht in der Bemühung, wichtigste Zusammenhänge und Hintergründe zum Retail Management dem Interessentenkreis verständlich zu machen.

1.9. Vorgehensweise

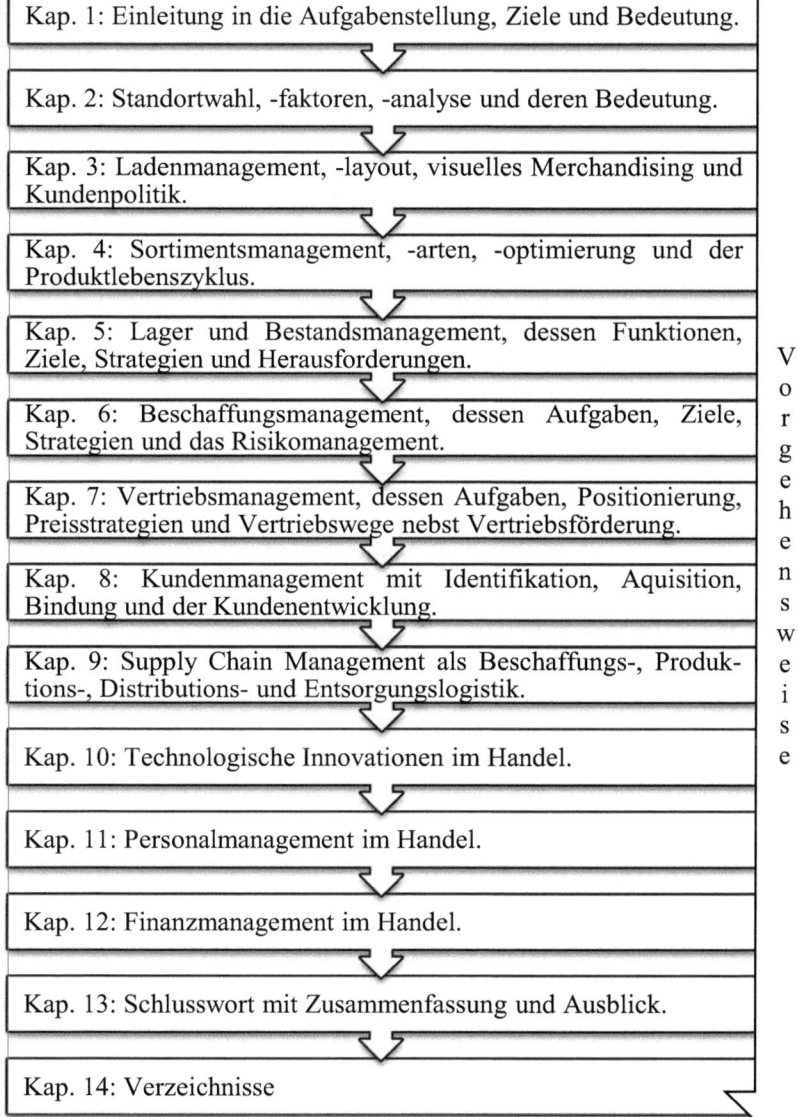

Kap. 1: Einleitung in die Aufgabenstellung, Ziele und Bedeutung.

Kap. 2: Standortwahl, -faktoren, -analyse und deren Bedeutung.

Kap. 3: Ladenmanagement, -layout, visuelles Merchandising und Kundenpolitik.

Kap. 4: Sortimentsmanagement, -arten, -optimierung und der Produktlebenszyklus.

Kap. 5: Lager und Bestandsmanagement, dessen Funktionen, Ziele, Strategien und Herausforderungen.

Kap. 6: Beschaffungsmanagement, dessen Aufgaben, Ziele, Strategien und das Risikomanagement.

Kap. 7: Vertriebsmanagement, dessen Aufgaben, Positionierung, Preisstrategien und Vertriebswege nebst Vertriebsförderung.

Kap. 8: Kundenmanagement mit Identifikation, Aquisition, Bindung und der Kundenentwicklung.

Kap. 9: Supply Chain Management als Beschaffungs-, Produktions-, Distributions- und Entsorgungslogistik.

Kap. 10: Technologische Innovationen im Handel.

Kap. 11: Personalmanagement im Handel.

Kap. 12: Finanzmanagement im Handel.

Kap. 13: Schlusswort mit Zusammenfassung und Ausblick.

Kap. 14: Verzeichnisse

Vorgehensweise

Abbildung 9: Aufbau des Buches

Das Buch ist in vierzehn Kapitel unterteilt. Dieser breit strukturierte Aufbau ermöglicht es dem Leser, sich systematisch in die verschiedenen Aspekte des Retail Managements einzuarbeiten und ein umfassendes Verständnis für die Herausforderungen und Strategien im Handel und Einzelhandel zu entwickeln.

Retail Management ist systematisch aufgebaut und führt den Leser durch die verschiedenen Aspekte des Einzelhandelsmanagements. Es beginnt mit einer Einleitung in Kapitel eins, das die Aufgabenstellung, Ziele und die Bedeutung des Themas erläutert. Im Kapitel zwei wird die Standortwahl behandelt, einschließlich der Faktoren und Analysen, die für die Wahl eines geeigneten Standorts entscheidend sind sowie deren Bedeutung für den Erfolg eines Einzelhandelsunternehmens.

Kapitel drei widmet sich dem Ladenmanagement, einschließlich des Layouts, des visuellen Merchandisings und der Kundenpolitik, um eine ansprechende und effektive Verkaufsumgebung zu schaffen. Das Sortimentsmanagement wird in Kapitel vier behandelt, wobei verschiedene Sortimentsarten, deren Optimierung und der Produktlebenszyklus im Fokus stehen. Kapitel fünf beschäftigt sich mit dem Lager- und Bestandsmanagement, dessen Funktionen, Zielen, Strategien und Herausforderungen, um eine effiziente Lagerhaltung und Bestandskontrolle zu gewährleisten. Im Kapitel sechs wird das Beschaffungsmanagement erläutert, einschließlich der Aufgaben, Ziele, Strategien und des Risikomanagements, um eine zuverlässige und kosteneffiziente Beschaffung sicherzustellen.

Das Vertriebsmanagement wird in Kapitel sieben behandelt, wobei die Aufgaben, Positionierung, Preisstrategien und Vertriebswege sowie die Vertriebsförderung im Mittelpunkt stehen. Kapitel acht widmet sich dem Kundenmanagement, einschließlich der Identifikation, Akquisition, Bindung und Entwicklung von Kunden, um langfristige Kundenbeziehungen aufzubauen und zu pflegen. Das Supply Chain Management wird in Kapitel neun behandelt, wobei die Aufgaben, Ziele und die Teilung in Beschaffungs-, Produktions-, Distributions- und Entsorgungslogistik erläutert werden.

Kapitel zehn befasst sich mit den technologischen Innovationen im Handel, die den Einzelhandel revolutionieren und effizienter gestalten. Das Personalmanagement im Handel wird in Kapitel elf behandelt, um die Bedeutung von gutem Personalmanagement für den Erfolg eines Einzelhandelsunternehmens zu unterstreichen. Kapitel zwölf widmet sich dem Finanzmanagement im Handel, um die finanziellen Aspekte des Einzelhandels zu beleuchten und Strategien für ein erfolgreiches Finanzmanagement zu vermitteln.

Das Buch schließt mit einem Schlusswort in Kapitel dreizehn, das eine Zusammenfassung und einen Ausblick bietet. Abschließend enthält Kapitel vierzehn die Verzeichnisse, die dem Leser als Referenz dienen.

„Das Leben gehört dem Lebendigen an, und wer lebt, muss auf Wechsel gefasst sein." (Johann Wolfgang von Goethe).

2. Standortwahl

2.1. Bedeutung

Die Standortwahl spielt im Handel eine entscheidende Rolle, da sie maßgeblich über den Erfolg oder Misserfolg eines Handelsunternehmens entscheidet. Der Standort beeinflusst Umsatzpotenziale, Kundenerreichbarkeit und die langfristige Wettbewerbsfähigkeit. Daher sollte die Auswahl eines Geschäftsstandorts auf Marktanalysen basieren. Die Standortwahl ist daher ein strategischer Erfolgsfaktor, denn diese bestimmt und beeinflusst maßgeblich die betriebswirtschaftliche Erfolgsrechnung und Wettbewerbsposition. Eine fundierte Standortanalyse unter Berücksichtigung von Kosten, Zielgruppen, Infrastruktur und Wettbewerb ist unerlässlich, um langfristig erfolgreich zu sein. Gleichzeitig müssen Händler flexibel auf Trends wie E-Commerce und Urbanisierung reagieren, um zukunftssicher aufgestellt zu sein.

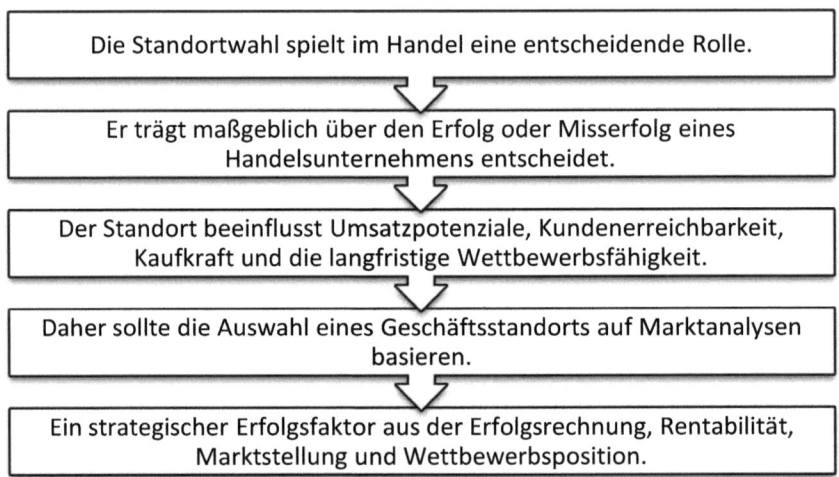

Abbildung 10: Rolle des Standorts

Die Standortwahl im Handel ist ein komplexer Prozess, der wirtschaftliche, geografische und gesellschaftliche Faktoren berücksichtigt.

Eine strategisch kluge Standortwahl wird beeinflusst durch die nachfolgenden Gegebenheiten und bleibt somit ein zentraler Erfolgsfaktor des Handels.

- Kundenreichweite und Kaufkraft.
- Umsatzpotenzial und Rentabilität.
- Marktstellung und Wettbewerbsvorteile.

2.2. Standort

Der richtige Standort (Place) bestimmt, neben Sortiment, Werbung und Preisstellung über den Erfolg oder Misserfolg der Handelstätigkeit mit. Nicht umsonst basiert die Theorie des Marketings auf den vier P-Politiken (4 P´s) einer Produktpolitik, Preispolitik (Gegenleistung), Place (Distributionspolitik) und Promotion (Kommunikationspolitik)[7].

Ist einer optimalen Lage werden folgende Potenziale erschlossen:

- Kundennähe: Leichte Erreichbarkeit für die Zielgruppe sowie ein gut gewählter Standort erleichtert den Kunden den Zugang zum Geschäft.

---

[7] Anmerkung: Die 4-P´s werden heute ergänzt um weitere 3-P´s für den Dienstleistungsbereich: People (Personalpolitik, bezeichnet Mitarbeiter und deren Kompetenz im Kundenkontakt), Process (Prozesspolitik, bezeichnet Ablauf und Organisation von Dienstleistungen), Physical Evidence (Ausstattungspolitik bezeichnet physische Nachweise für die Qualität einer Dienstleistung wie Ambiente im Geschäft).

- Sichtbarkeit und Markenpräsenz: Ein gut sichtbarer Standort in einer stark frequentierten Gegend erhöht die Markenbekanntheit und zieht potenzielle Kunden an.
- Umsatzpotenzial: Hohes Kundenaufkommen und Kaufkraft im Einzugsgebiet. Hier besteht eine Relation in Anzahl Kunden x Einkaufswert pro Kunde = unternehmerischer Umsatz.
- Wettbewerbsvorteile: Nähe zu ergänzenden Geschäften oder Exklusivität in der Region, was Kunden insgesamt in die Lage zieht.
- Kostenstruktur: Miet- und Betriebskosten sowie Logistikanbindung beeinflussen die Rentabilität. Geringe Standortkosten schmälern geringfügiger den Gewinn aus Umsatz minus Kosten.
- Flexibilität und Wachstum: Möglichkeiten zur Expansion oder Anpassung bei veränderten Marktbedingungen.
- Mitarbeiterverfügbarkeit: Ein Standort in einer Region mit guter Verfügbarkeit qualifizierter Arbeitskräfte erleichtert die Rekrutierung und Bindung von Mitarbeitern.

Im Folgenden werden typische Lagen für Handelstätigkeiten oder -geschäfte betrachtet und ihre jeweiligen Vor- und Nachteile erläutert.

Innenstadtlage (City-Standort): Einzelhandel mit hoher Spontankauf- und Erlebnisorientierung, z. B. Modegeschäfte, Boutiquen.

- Vorteile: Hohe Passantenfrequenz, gute Verkehrsanbindung, Attraktivität durch Einkaufserlebnisse und Zusatzangebote wie Gastronomie.
- Nachteile: Hohe Mietkosten und begrenzte Parkmöglichkeiten, starke Konkurrenz.

Einkaufszentren (Shopping Malls): Filialisten, Bekleidungsgeschäfte, Elektronikhändler.

- Vorteile: Wetterunabhängige Einkaufsatmosphäre, hohe Kundenfrequenz durch kombiniertes Angebot (Shopping, Gastronomie, Unterhaltung) und Marketingunterstützung durch das Center-Management.
- Nachteile: Hohe Miet- und Betriebskosten und Abhängigkeit von der Center-Verwaltung.

Fachmarktzentren (Grüne Wiese): Baumärkte, Möbelhäuser, Elektro- und Haushaltswarenhändler.

- Vorteile: Günstige Mietkosten, gute Erreichbarkeit mit dem Auto und ausreichend Parkplätze und Konzentration auf große Verkaufsflächen.
- Nachteile: Weniger Laufkundschaft und starke Abhängigkeit von Verkehrsanbindungen.

Wohngebietsnahe Lagen: Supermärkte, Bäckereien, Apotheken.

- Vorteile: Nähe zum Kunden im Alltag und kurze Wege für den Einkauf des täglichen Bedarfs.
- Nachteile: Begrenztes Einzugsgebiet und Abhängigkeit von der Bevölkerungsstruktur sowie deren Kaufkraft und -verhalten.

Online-Standort (E-Commerce): Unternehmen mit starkem Fokus auf Digitalisierung und Versandhandel.

- Vorteile: Flexibilität und Skalierbarkeit, keine Miet- oder Baukosten für Ladenflächen und globale Reichweite.
- Nachteile: Hoher Wettbewerb im Online-Markt und Notwendigkeit von Logistik- und Versandlösungen.

Innenstadtlage (City-Standort)

Einkaufszentren (Shopping Malls)

Fachmarktzentren (Grüne Wiese)

Wohngebietsnahe Lagen

Online-Standort (E-Commerce)

Abbildung 11: Standorte und Lagen

2.3. Standortfaktoren

Unter Einbeziehung des im Voraus ausgeführten Wissens, lassen sich die Einflussfaktoren auf die Auswahl eines Standorts (Lage) wie nachfolgend beschrieben gruppieren und zusammenfassen.

Kundenbindung und Frequenz:

Beispiel: Ein Supermarkt an einer viel befahrenen Straße erzielt höhere Frequenzen als ein Geschäft in einer Nebenstraße.

- Kundenreichweite: Die Erreichbarkeit des Standorts (z. B. Nähe zu Wohngebieten oder Verkehrsachsen) bestimmt die Frequenz von Laufkundschaft.

- Erlebnisfaktor: Attraktive Lagen, z. B. in Innenstädten oder Einkaufszentren, ziehen mehr Besucher an und verlängern die Verweildauer.

Einzugsgebiet:

Beispiel: Premium-Marken siedeln sich bevorzugt in wohlhabenden Stadtvierteln oder Einkaufszentren mit gehobenem Publikum an.

- Kaufkraftanalyse: Standorte mit hoher Kaufkraft (z. B. in wohlhabenden Vierteln) erzielen meist höhere Pro-Kopf-Ausgaben.

- Kundenpotenzial: Eine große Anzahl potenzieller Kunden im Umfeld erhöht die Wahrscheinlichkeit hoher Umsätze.

Verkehrsanbindung und Infrastruktur:

Beispiel: Ein guter und leicht zu erreichender Standort verspricht eine hohe Kundenfrequenz.

- Erreichbarkeit: Nähe zu öffentlichen Verkehrsmitteln, Straßen und Parkplätzen.

- Logistik: Effiziente Anlieferung und Lagerung von Waren.

Betriebskosten und Rentabilität:

Beispiel: Große Möbelhäuser nutzen Standorte an Stadträndern wegen niedriger Kosten und guter Erreichbarkeit für Autofahrer.

- Mietkosten: Hochfrequentierte Lagen wie Fußgängerzonen haben höhere Mieten, die durch entsprechende Umsätze gedeckt werden müssen.

- Flexibilität: Mietverträge und Investitionen müssen an schnelllebige Trends angepasst werden.

- Logistik und Versorgung: Günstige Standorte in Industriegebieten ermöglichen kostengünstige Lager- und Lieferprozesse.

- Miet- und Betriebskosten: Verhältnis zwischen Kosten und Umsatzpotenzial.

- Nebenkosten: Energie, Wasser und Instandhaltung.

Wettbewerb und Kooperationsmöglichkeiten:

Beispiel: Der Kunde kann das Geldbudget nur einmal ausgeben. Befinden sich in der Lage weitere Handelsunternehmen mit dem identischen Sortiment, so ist die Umsatzwahrscheinlichkeit nur anteilig zu den Marktbegleitern.

- Nähe zu ergänzenden Händlern kann Synergien schaffen, während übermäßiger Wettbewerb Risiken birgt.

Markt- und Nachfrageanalyse:

- Einzugsgebiet: Anzahl und Struktur der Bevölkerung.
- Kaufkraft und Konsumverhalten: Einkommen und Ausgabebereitschaft der Kunden.
- Wettbewerbsanalyse: Zahl und Stärke der Konkurrenten im Umfeld.

Zukunftsfähigkeit:

- Expansionsmöglichkeiten: Flexibilität bei Wachstum oder Sortimentserweiterung.
- Demografische Entwicklung: Langfristige Veränderungen der Bevölkerung beachten.

Herausforderungen Lage- und Kundenwandel:

- Verändertes Konsumverhalten: Der Online-Handel beeinflusst das Einkaufsverhalten und stellt die Attraktivität von stationären Standorten in Frage.
- Wandel in Innenstädten: Leerstände und sinkende Besucherzahlen fordern neue Konzepte wie Erlebniswelten oder hybride Angebote (Click-and-Collect).

Abbildung 12: Standortfaktoren

2.4. Standortanalyse

Wissenschaftliche Theorien bieten eine Grundlage zur Analyse und Planung und helfen Handelsunternehmen Standorte datenbasiert zu bewerten und langfristig bessere Entscheidungen zu treffen wie bspw.:

- Zentrale-Orte-Theorie, das Gravitationsmodell und das Hotelling-Modell.
- Geomarketing, Scoring Analysen und Break-Even-Point Berechnung.

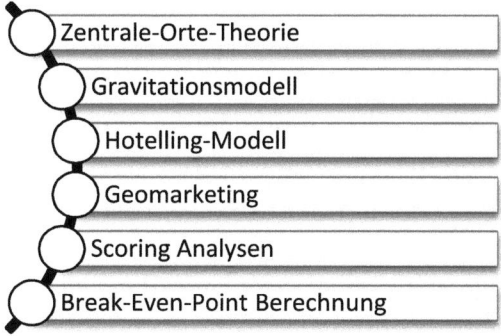

Abbildung 13: Standortanalyse

2.4.1.   Zentrale-Orte-Theorie

Die Zentrale-Orte-Theorie wurde in den 1930er Jahren von dem deutschen Geographen Walter Christaller entwickelt. Sie beschreibt, wie Städte und Siedlungen organisiert sind, um Dienstleistungen und Güter effizient an die umliegende Bevölkerung zu verteilen. Sie basiert auf der damaligen Annahme, dass Kunden den nächstgelegenen Standort wählen, um ihre Bedürfnisse zu decken. Dies liegt in der damaligen beschränkten Mobilität der Bevölkerung begründet. Die Grundprinzipien der Theorie lauten:

- Hierarchie der Orte: Zentrale Orte werden nach ihrer Bedeutung und den angebotenen Dienstleistungen in verschiedene Hierarchiestufen eingeteilt. Das besagt, dass höherstufige zentrale Orte umfassende und spezialisierte Waren anbieten, welche in niedrigstufigen Orten nicht verfügbar sind. Gleichfalls ziehen Zentren mit hoher Zentralität mehr Kunden an durch ein breiteres Sortiment. Kleinere Standorte bedienen dagegen häufig nur lokale Bedürfnisse.

- Hexagonales Netz: Christaller verwendete ein hexagonales (sechseckiges) Netz, um die optimale Reichweite und Anordnung von Dienstleistungen zu modellieren. Dies minimiert Transportwege und maximiert die Effizienz.

- Versorgungsprinzip: Das sogenannte K-3-System als Versorgungsprinzip ist eines der zentralen Konzepte der Theorie. Es besagt, dass zentrale Orte so verteilt sind, dass sie die umliegende Bevölkerung optimal mit Gütern und Dienstleistungen versorgen.

Die Theorie wurde im Laufe der Zeit weiterentwickelt und angepasst, um den komplexen Realitäten eines modernen Handels und der Gesellschaft gerecht zu werden. Kritiker bemängeln, dass die Annahmen der Theorie, wie die Homogenität der Räume, in der Praxis selten zutreffen.

2.4.2.   Gravitationstheorie

Die Gravitationstheorie des Handels, auch bekannt als Reilly's Law of Retail Gravitation, wurde 1931 von William J. Reilly entwickelt. Diese Theorie überträgt Prinzipien aus Newtons Gravitationsgesetz auf das Konsumentenverhalten im Einzelhandel. Die Theorie wird genutzt, um optimale Standorte für neue Einzelhandelsgeschäfte zu bestimmen, indem diese dabei unterstützt, die Reichweite und den Einfluss bestehender Handelszentren zu analysieren und zu vergleichen.

Durch das Verständnis der Anziehungskraft von Handelszentren in Relation zur Entfernung vom Wohnort können Händler besser auf das Konsumentenverhalten und die Präferenzen der Konsumenten eingehen.

Die Grundprinzipien der Theorie lauten:

- Attraktivität von Handelszentren: Laut Reilly sind Kunden bereit, längere Strecken zu größeren Handelszentren zurückzulegen, da diese eine höhere Anziehungskraft besitzen. Die Attraktivität eines Handelszentrums wird dabei analog zur Masse im physikalischen Gravitationsgesetz betrachtet.

- Distanz und Anziehungskraft: Die Theorie besagt, dass die Anziehungskraft eines Handelszentrums proportional zu seiner Größe (z.B. Verkaufsfläche, Anzahl der Geschäfte, Sortimente) und umgekehrt proportional zum Quadrat der Entfernung ist. Das bedeutet, je größer das Handelszentrum und je kürzer die Entfernung, desto größer die Anziehungskraft.

Reilly formulierte die Anziehungskraft zwischen zwei Handelszentren A und B mathematisch wie folgt: (dA) bezeichnet die Entfernung vom Standort zu Zentrum A, (dB) die Entfernung zu

Zentrum B. (PA) und (PB) sind die Größen der beiden Zentren A und B.

$$\frac{dA}{dB} = \sqrt{\frac{PA}{PB}}$$

Formel 1: Gravitationsberechnung

Die Gravitationstheorie liefert wertvolle Einblicke in die Dynamik des Einzelhandels und die Entscheidungsprozesse der Konsumenten. Sie wurde im Laufe der Zeit weiterentwickelt und angepasst. Modelle wie das Huff-Modell berücksichtigen zusätzliche Faktoren wie die Attraktivität einzelner Geschäfte innerhalb eines Zentrums.

2.4.3.   Hotelling-Modell

Das Hotelling-Modell, entwickelt von Harold Hotelling im Jahr 1929, untersucht den Wettbewerb zwischen zwei Unternehmen, die ähnliche Produkte anbieten. Es wird verwendet, um zu erklären, wie Unternehmen ihre Preise und Standorte in einem Markt mit homogener Nachfrage festlegen. Ein zentrales Ergebnis des Modells ist das Prinzip der "Minimaldifferenzierung", auch bekannt als "Hotelling's Law". Es besagt, dass Unternehmen dazu neigen, sich in der Mitte des Marktes zu konzentrieren, um den größtmöglichen Anteil der Konsumenten zu erreichen. Das Unternehmen positioniert sich strategisch, um den maximalen Marktanteil zu erreichen und somit oft in der Nähe von Konkurrenten (Clusterbildung). Dies führt oft zu einer geringen Produktdifferenzierung und intensiverem Preiswettbewerb. Hauptpunkte des Modells sind:

- Lineare Stadt: Das Modell stellt sich eine "lineare Stadt" vor, in der die Konsumenten gleichmäßig entlang einer Linie verteilt sind.

- Zwei Unternehmen: Zwei Unternehmen bieten identische Produkte an und können ihre Standorte entlang dieser Linie frei wählen.

- Transportkosten: Konsumenten tragen Transportkosten, die proportional zur Entfernung vom Standort des Unternehmens sind.

- Preiswettbewerb: Unternehmen setzen Preise, um ihren Marktanteil zu maximieren, wobei sie die Transportkosten der Konsumenten berücksichtigen.

2.4.4.   Geomarketing-Analyse

Geomarketing-Analyse ist eine Methode, bei der geografische Daten genutzt werden, um Zielgruppen und deren Kundenverhalten zu analysieren. Diese Analyse hilft Handelsunternehmen, ihre Marketingstrategien (4 P´s) zu optimieren und gezielter auf die Bedürfnisse ihrer Kunden einzugehen. Mithilfe von Geodaten wie z. B. Einzugsgebiet, Kaufkraftverteilung, Altersstruktur usw. werden Zielgruppen, deren Anhäufung und deren Verhalten analysiert. Diese Analyse gezielter Kundenbedürfnisse zu befriedigen unterstützt eine präzise Planung auf Basis von externen Datenmodellen. Durch die Kombination dieser Daten können Unternehmen fundierte Entscheidungen treffen, um ihre Marktpräsenz zu stärken und ihre Marketingstrategien effektiver zu gestalten.

Nachfolgend finden Sie eine Auswahl an Daten der Geomarketing-Analyse:

- Einzugsgebiet: Bestimmung der geografischen Regionen, aus denen die meisten Kunden kommen. Dies hilft Unternehmen, ihre Standorte strategisch zu planen und Marketingkampagnen gezielt auszurichten.
- Kaufkraftverteilung: Analyse der Kaufkraft in verschiedenen Regionen. Unternehmen können so besser verstehen, wo potenzielle Kunden mit höherer Kaufkraft leben und ihre Marketingmaßnahmen entsprechend anpassen.
- Altersstruktur: Untersuchung der Altersverteilung in verschiedenen Gebieten. Dies ermöglicht es Unternehmen, Produkte und Dienstleistungen anzubieten, die auf die demografischen Merkmale der Zielgruppe abgestimmt sind.
- Verhaltensmuster: Analyse des Kaufverhaltens und anderer relevanter Muster der Zielgruppe. Dies kann Informationen über bevorzugte Einkaufszeiten, bevorzugte Produkte und andere Verhaltensweisen liefern.

Es gibt keinen Erfinder der Geomarketing-Analyse, da sich diese Disziplin über viele Jahre hinweg entwickelt hat. Die Ursprünge des Geomarketings[8] lassen sich bis zum Ende des 18. Jahrhundert zurückverfolgen, als erste wissenschaftliche Untersuchungen zu regionalen Einkommensverteilungen durchgeführt wurden. In Deutschland spielte die Gesellschaft für Konsumforschung (GfK) eine bedeutende Rolle bei der Entwicklung des Geomarketings[9]. Bereits 1935 sammelte die GfK Daten über die Kaufkraft der Verbraucher in verschiedenen Regionen. In den

---

[8] Vgl.: URL https://www.geomarketing.de/was-ist-geomarketing/historie/, M. Herter, Geomarketing, o.D., Zugriff 25.1.2025.
[9] Anmerkung: URL GfK Reports - Konsumentendaten & Marktanalyse, GfK, 25.12.2024, o.V..

1950er und 1960er Jahren trugen weitere Institutionen wie das Institut für angewandte Sozialwissenschaft (infas) zur Weiterentwicklung bei. Geomarketing selbst wurde in den 1990er Jahren mit dem technischen Fortschritt populär und die Nutzung geografischer Informationssysteme (GIS) in Unternehmen zunahm.

2.4.5. Scoring-Modelle

Scoring-Modelle sind Bewertungswerkzeuge, die Standorte anhand verschieden gewichteter Kriterien analysieren und bewerten. Das Verfahren ist auch unter der Nutzwertanalyse bekannt[10]. Diese Scoring-Modelle helfen Unternehmen, fundierte Entscheidungen über die Auswahl von Standorten anhand von qualitativen Faktoren (Kriterien), deren Gewichtung und Bewertung zu treffen. Als Ergebnis steht das Produkt aus Gewichtung x Bewertung, wobei der höchste Wert den besten Wert und Auswahl darstellt.

In der Anwendung des Scoring Modells können folgende Kriterien zur Bewertung angeführt werden:

- Erreichbarkeit: Bewertet, wird wie gut der Standort für Kunden, Lieferanten und Mitarbeiter erreichbar ist. Dies kann die Nähe zu Hauptverkehrsstraßen, öffentlichen Verkehrsmitteln und Parkmöglichkeiten umfassen.
- Wettbewerbsdichte: Analysiert die Anzahl und Nähe von Wettbewerbern in der Umgebung. Ein hoher Wettbewerbsdruck kann die Attraktivität eines Standorts verringern,

---

[10] Vgl.: URL Nutzwertanalyse / Scoring-Modell: Definition und Beispiel | Investition, Welt der BWL, Zugriff 26.12.2024, o.V..

während ein geringerer Wettbewerbsdruck vorteilhaft sein kann.

- Kosten: Berücksichtigt die Kosten für Miete, Immobilienpreise, Betriebskosten und andere finanzielle Aspekte, die mit dem Standort verbunden sind.
- Kundennähe: Bewertet die Nähe zu potenziellen Kunden und Zielgruppen. Dies kann durch die Analyse von Bevölkerungsdichte, Kaufkraft und demografischen Merkmalen erfolgen.
- Infrastruktur: Untersucht werden die Verfügbarkeit und Qualität der Infrastruktur, wie z.B. Internetverbindungen, Versorgungsunternehmen und logistische Einrichtungen.
- Zukunftspotenzial: Berücksichtigt das Wachstumspotenzial des Standorts, einschließlich geplanter Entwicklungen und wirtschaftlicher Trends.

In einem Scoring-Modell werden Kriterien gewichtet, um eine Gesamtbewertung für jeden Standort zu erstellen. Die Gewichtung hängt von den spezifischen Prioritäten und Zielen des Unternehmens ab. Zum Beispiel könnte ein Einzelhändler der Erreichbarkeit und Kundennähe mehr Gewicht beimessen, während ein Produktionsunternehmen möglicherweise mehr Wert auf Kosten und Infrastruktur legt. Die Auswahl der Kriterien bestimmt der erhoffte Umfang der Bewertung.

Beispiel eines Scoring-Modells: Das Ergebnis liefert eine objektive Entscheidungshilfe für Standortvergleiche. Die zu vergleichenden Standorte werden anhand der folgenden Kriterien: Erreichbarkeit, Wettbewerbsdichte und Kosten bewertet. Pro Kriterium erfolgt eine Gewichtung, wobei die Summe der Gewichtung die Zahl 100% ergeben muss.

- Zielbestimmung: Festlegung von Bewertungskriterien (Erreichbarkeit, Wettbewerbsdichte und Kosten).

- Gewichtung der Kriterien: Zuordnung von Gewichtungsfaktoren pro Kriterium. Bspw. 20% Erreichbarkeit, 45% Wettbewerbsdichte und 35% Kosten (positive Prüfung 20% + 45% + 35% = 100%).

- Bewertung der Alternativen: Bewertung jedes Standorts pro Bewertungskriterium mit einer Zahl zwischen eins bis fünf.

- Ergebnisermittlung: Multiplikation des Bewertungskriteriums mit den zugewiesenen Gewichtungsfaktoren pro Standort.

- Summenbindung: Rangfolgenbildung durch Aufsummieren der drei Teilergebnisse pro Standort. Der Standort mit der höchsten Summe ist der am besten geeignete Standort, gemäß der Bewertungsfaktoren und deren Gewichtung.

2.4.6.   Break-Even-Point

Letztendlich muss das Handelsunternehmen die Gewinnschwelle überschreiten, um Gewinn zu erwirtschaften. Dazu verwendet die Betriebswirtschaft die sogenannte Break-Even-Theorie (Gewinnschwellenanalyse). Die Break-Even-Analyse (BEP) berechnet also den Mindestumsatz, der erforderlich ist, bei gegebenen Kosten um kostendeckend (Verlustfrei) zu wirtschaften.

Oder anders ausgedrückt. Die Break-Even-Analyse berechnet genau den Punkt (Gewinnschwelle), an dem die Gesamteinnahmen eines Unternehmens genau seine Gesamtkosten entsprechen. An diesem Punkt macht das Unternehmen weder Gewinn noch Verlust. Es ist der Punkt, an dem die Fixkosten und variablen Kosten durch die Umsätze gedeckt sind.

Sie ist ein betriebswirtschaftliches Konzept, das den monetären Punkt berechnet, an dem ein Unternehmen weder Gewinn noch Verlust erwirtschaftet. Dieser Punkt wird als Break-Even-Point bezeichnet. Dieser Punkt ist besonders relevant, um den Kipppunkt (Schwellenwert) zu erkennen, wann positive Rentabilität im Geschäftsmodell erwirtschaftet wird.

$$BEP = \frac{Fixkosten}{Preis\ pro\ Einheit - variable\ Kosten\ pro\ Einheit}$$

oder

$$(Absatzmenge * Preis) - (Absatzmengen * variable\ Kosten) - Fixkosten = 0$$

Formel 2: Break-Even Berechnung und Gleichung

Fixkosten (K_f): Kosten, die unabhängig von der Verkaufsmenge anfallen (z. B. Miete, Personal). Variable Kosten (K_v): Kosten, die direkt von der verkauften Menge abhängen (z. B. Wareneinsatz). Verkaufspreis pro Einheit (P): Der erzielte Preis pro verkauftes Produkt.

3. Ladenmanagement

3.1. Store Management

Das Ladenmanagement oder im englischen als Store Management bekannt, nimmt im Einzelhandel eine Schlüsselrolle ein. Inhaltlich handelt es sich um die Gestaltung und Führung von Verkaufsflächen zur Präsentation der Produkte. Es ist ein facettenreiches Gebiet, das sich mit den mannigfaltigen Aspekten der Gestaltung und des Managements im Store auseinandersetzt. Angefangen mit der Planung und Gestaltung von Verkaufsräumen bis hin zum Personaleinsatz und Kundenbindung/-betreuung.

Ergänzend umfasst es die operativen Aufgaben wie

- Warenmanagement, Personalführung und Kundenberatung, kombiniert mit strategischen Zielen wie Digitalisierung.

Ein gut geführtes Ladenmanagement sorgt für wirksame Abläufe, hohe Kundenservicequalität und schafft nachhaltigen wirtschaftlichen Erfolg. Somit ist das Ladenmanagement ein entscheidender Erfolgsfaktor für Handelsunternehmen.

Die Ziele des Ladenmanagements sind:

- Steigerung des Umsatzes: Optimierung der Verkaufsfläche und Warenpräsentation. Durch gezielte Platzierung von Produkten und ansprechende Präsentation können Impulskäufe gefördert und der Umsatz gesteigert werden.

- Kundenzufriedenheit: Verbesserung des Einkaufserlebnisses und Serviceangebots. Ein gut organisiertes und an-

sprechendes Geschäft sorgt für ein positives Einkaufserlebnis, was die Kundenzufriedenheit und -bindung erhöht.

- Effizienzsteigerung: Prozessoptimierung zur Kostensenkung
und Gewinnsteigerung. Ein effizientes Ladenmanagement
sorgt dafür, dass Prozesse reibungslos ablaufen, von der
Warenannahme bis zur Kasse.

- Personalentwicklung: Qualifizierte und motivierte Mitarbeiter für nachhaltigen Erfolg.

- Wettbewerbsfähigkeit: Zeitnahe Anpassung an Markttrends und Kundenwünsche.

- Image: Ein gepflegtes und gut geführtes Geschäft stärkt das
Markenimage und die Wahrnehmung des Unternehmens.

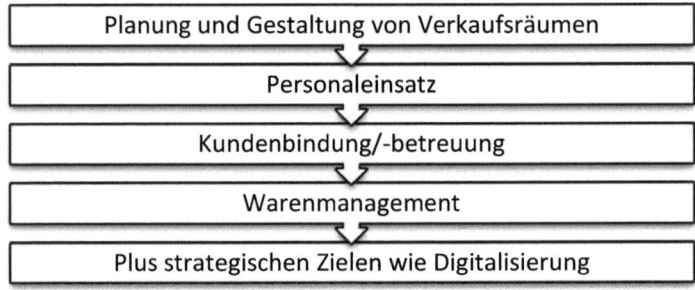

Abbildung 14: Ladenmanagement

3.2. Ladenlayout

Das Ladenlayout bezieht sich auf die strukturierte Anordnung
von Produkten und Einrichtungen im Verkaufsraum, während
Visual Merchandising die visuelle Präsentation von Produkten
betrifft. Zu den Prinzipien des Ladenlayouts gehören die Schaffung von Laufwegen, Zonierung des Verkaufsraums und die

Platzierung und Bedeutung von Produkten für maximale Sichtbarkeit.

Beide Konzepte haben das gemeinsame Ziel, die Aufmerksamkeit der Kunden zu gewinnen und ein positives Einkaufserlebnis zu schaffen, um den Umsatz zu fördern.

Zum Ladenlayout und Visual Merchandising gehören auch psychologische Aspekte, einschließlich der Wirkung von Farben, Beleuchtung und Anordnung, da diese einen Einfluss auf das Kundenverhalten haben. Die Psychologie spielt eine entscheidende Rolle im Handel, denn hinter den Regalen und Verkaufsflächen steckt ein raffiniertes Verständnis für menschliches Verhalten. Retail Manager arbeiten eng mit Psychologen zusammen, um das Einkaufserlebnis zu optimieren. Farbgestaltung, Anordnung der Produkte und sogar Hintergrundmusik werden sorgfältig ausgewählt, um bestimmte Emotionen und Reaktionen bei den Kunden hervorzurufen. Dazu gehören Faktoren wie die Farbgestaltung, die Anordnung der Produkte und die Hintergrundmusik.

- Farbgestaltung: Die Farbe Rot wird oft mit Emotionen wie Leidenschaft und Impulsivität assoziiert. Daher wird sie häufig in Geschäften verwendet, um Kunden zum Kauf zu animieren.
- Anordnung der Produkte: Produkte, die auf Augenhöhe platziert sind, sind für Kunden leichter sichtbar und attraktiver. Dies führt zu einer höheren Wahrscheinlichkeit, dass diese Produkte gekauft werden.
- Hintergrundmusik: Musik kann die Stimmung im Geschäft beeinflussen und die Kunden zum Verweilen animieren.

Im Folgenden werden bekannte Beispiele aus der Praxis angeführt:

- Apple Stores: Apple Stores gelten als Vorzeigebeispiel für ein effektives Ladenlayout. Es herrscht eine klare Präsentation von Produkten und minimalistisches Design vor.
- IKEA-Einrichtungshäuser: IKEA setzt erfolgreich auf ein erlebnisorientiertes Ladenlayout, das Kunden dazu ermutigt, durch die verschiedenen Wohnwelten zu wandern und Produkte in realistischen Umgebungen zu erleben.
- Zara Modehäuser: Zara zeichnet sich durch häufig wechselnde Kollektionen (fast fashion) und ein dynamisches Visual Merchandising aus. Mit dieser Strategie hält Zara das Kundeninteresse nach neuer und aktueller Mode aufrecht.

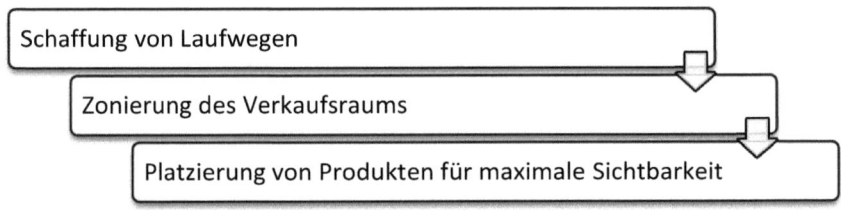

Abbildung 15: Ladenlayout

3.3. Visuelles Merchandising

Visuelles Merchandising (Ladenlayout) bezieht sich auf die Gestaltung und Präsentation von Sortimentsware (Produkten) in einem Geschäft, mit den Zielen, die Aufmerksamkeit der Kunden zu erregen und den Verkauf zu fördern. Es umfasst verschiedene Techniken, um die Attraktivität eines Ladens zu maximieren und ein ansprechendes Einkaufserlebnis zu schaffen. Häufig erkennt man die Gestaltung eines attraktiven Store-Designs anhand des Einsatzes von Farben, Licht, Geruch und

Dekoration zur Emotionalisierung des Verkaufsraums und zur Förderung von Impulskäufen.

Visuelles Merchandising spielt eine entscheidende Rolle dabei, wie Kunden ein Geschäft wahrnehmen. Die Gestaltung kann den Unterschied ausmachen, ob ein Kunde einen Kauf tätigt oder nicht.

Die Hauptaufgaben des visuellen Merchandisings:

- Schaufenstergestaltung: Attraktive und thematisch gestaltete Schaufenster, die Kunden anziehen und zum Betreten des Geschäfts einladen.

- Produktplatzierung: Strategische Anordnung von Produkten im Geschäft, um den Kundenfluss zu steuern und bestimmte Artikel hervorzuheben. Dies kann durch die Platzierung von Bestsellern auf Augenhöhe oder die Gruppierung verwandter Produkte erfolgen.

- Beleuchtung: Einsatz von Licht, um Produkte hervorzuheben und eine angenehme Atmosphäre zu schaffen. Beleuchtung kann auch verwendet werden, um bestimmte Bereiche des Geschäfts zu betonen.

- Farbgestaltung: Verwendung von Farben, um Stimmungen zu erzeugen und die Aufmerksamkeit auf bestimmte Produkte zu lenken. Farben können auch dazu beitragen, eine Markenidentität zu vermitteln.

- Beschilderung und Displays: Einsatz von Schildern und Displays, um Informationen über Produkte zu vermitteln und Sonderangebote oder neue Kollektionen hervorzuheben.

- Dekoration und Requisiten: Verwendung von Dekorationen und Requisiten, um Themen zu unterstützen und eine ansprechende visuelle Umgebung zu schaffen. Ergänzt durch kreative Produktpräsentation, darunter Schaufenstergestaltung, Themenpräsentationen und Storytelling.

- Raumgestaltung: Optimierung des Layouts und der Einrichtung des Geschäfts, um den Kundenfluss zu verbessern und eine angenehme Einkaufsatmosphäre zu schaffen. Visual Merchandising sollte den saisonalen Trends und aktuellen Ereignissen angepasst werden. Wir werden Strategien zur flexiblen Gestaltung diskutieren.

Die Wahrnehmung von Produkten und Geschäften beeinflusst, wie Kunden diese bewerten. Die visuelle Gestaltung von Verkaufsräumen kann daher entscheidend sein. Ein gut durchdachtes Store-Layout und ansprechendes visuelles Merchandising können die Wahrnehmung von Produkten verbessern und das Kauferlebnis positiv beeinflussen.

3.4. Kundenbindung

Kundenbindung und Servicequalität sind unverzichtbare Elemente im Retail Management, die einen direkten Einfluss auf den Erfolg der Unternehmung haben.

Die Kundenbindung bezieht sich auf die Fähigkeit eines Einzelhandelsunternehmens, Kunden langfristig an sich zu binden. Sie geht über einzelne Transaktionen hinaus und schafft eine emotionale Verbindung zwischen Kunden und Marke. Erfolgreiche Unternehmen können nachhaltige Kundenbeziehungen aufbauen und die Servicequalität kontinuierlich verbessern

Zur Kundenbindung existieren im Einzelhandel verschiedene Modelle, die darauf abzielen, die Loyalität der Kunden zu erhöhen und langfristige Beziehungen aufzubauen. Nachfolgend finden Sie eine Auswahl an gängigen Modellen, die dem Handel helfen, ihre Kunden zu binden, besser zu verstehen, deren

Bedürfnisse zu erfüllen und eine langfristige Bindung aufzubauen[11].

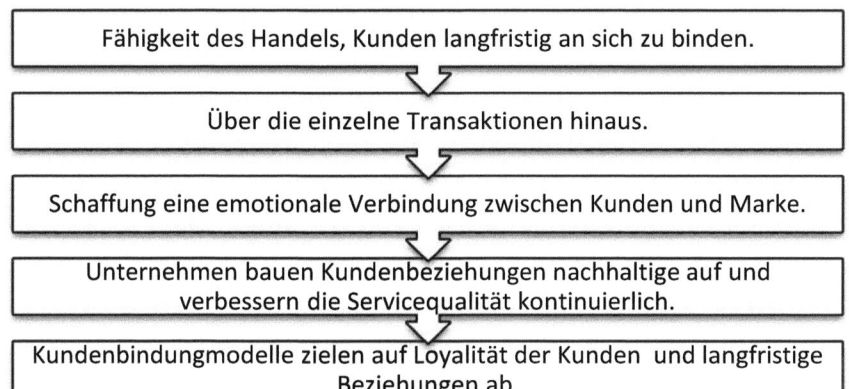

Abbildung 16: Kundenbindung

Die Servicequalität umfasst die Gesamtheit der Eigenschaften eines Dienstleistungsangebots, die den Bedürfnissen und Erwartungen der Kunden entsprechen.

- Tangibilität: Das Wort bedeutet berührbar. Es beschreibt reale und konkrete Sachverhalte, welche in den Eigenschaften spürbar, greifbar oder anfassbar sind. Im Handelskontext wird Tangibilität für nicht greifbare Dienstleistungen und immaterielle Güter verwendet.
- Dienstleistungsangebot: Die physischen Aspekte des Dienstleistungsangebots.
- Zuverlässigkeit: Die Fähigkeit, zugesagte Leistungen verlässlich zu erbringen.

---

[11] Anmerkung: Ein zufriedener Kunde wird wahrscheinlich auch andere Produkte kaufen. Das fördert die Absatzchancen, ohne dass in eine aufwendige Werbung oder Neukundenakquise investiert werden muss.

- Responsivität: Die Bereitschaft, auf Kundenanfragen und -bedürfnisse zeitnah zu reagieren.

Es gibt Modelle zur Messung der Servicequalität, die Unternehmen helfen, die Zufriedenheit ihrer Kunden zu bewerten und zu verbessern. Diese Modelle bieten verschiedene Ansätze zur Messung und Verbesserung der Servicequalität und können je nach den spezifischen Bedürfnissen und Zielen eines Unternehmens eingesetzt werden. Hier werden einige der bekanntesten Modelle vorgestellt:

- SERVQUAL-Modell: Entwickelt von den Herren Parasuraman, Zeithaml und Berry, misst dieses Modell die Servicequalität anhand von fünf Dimensionen: Zuverlässigkeit, Reaktionsfähigkeit, Sicherheit, Einfühlungsvermögen und materielle Aspekte[12]. Es vergleicht die Erwartungen der Kunden mit ihrer tatsächlichen Wahrnehmung des Service. Dieses Modell betrachtet fünf Dimensionen der Servicequalität und misst die Diskrepanz zwischen Kundenerwartungen und wahrgenommener Leistung.

- SERVPERF-Modell: Eine Weiterentwicklung des SERVQUAL-Modells, das sich ausschließlich auf die wahrgenommene Leistung konzentriert und die Erwartungen der Kunden nicht berücksichtigt. Es wird angenommen, dass die wahrgenommene Leistung allein ausreicht, um die Servicequalität zu bewerten[13].

- Kano-Modell: Dieses Modell kategorisiert Kundenanforderungen in Basisanforderungen, Leistungsanforderungen und Begeisterungsanforderungen. Es hilft Unternehmen zu

---

[12] Vgl.: URL https://mind-force.de/kundenservice/servqual/, Mindforce, Zugriff 27.12.2024, M. Benning.

[13] Vgl.: URL https://link.springer.com/chapter/10.1007/978-3-662-59646-3_5, Messung der Dienstleistungsqualität, Zugriff 27.12.2024, M. Bruhn.

verstehen, welche Aspekte des Service die Kundenzufriedenheit stark beeinflussen und welche nur einen geringen
Einfluss haben.

- Net Promoter Score: Eine einfache Methode, bei der Kun-
den gefragt werden, wie wahrscheinlich es ist, dass sie das
Unternehmen weiterempfehlen. Der NPS-Wert wird be-
rechnet, indem der Prozentsatz der Kritiker vom Prozent-
satz der Promotoren abgezogen wird.
- Customer Satisfaction Score: Misst die Zufriedenheit der
Kunden mit einem bestimmten Aspekt des Service oder
Produkts. Kunden bewerten ihre Zufriedenheit auf einer
Skala, und der Durchschnitt dieser Bewertungen ergibt den
Customer Satisfaction Score Wert.

Des Weiteren bleibt anzumerken, dass die Kundenkommunikation und Interaktion heute aktiv über vielseitige Kanäle der Ansprache und Erreichbarkeit stattfinden, sowie durch Aufforde-
rung des Handels an den Kunden Feedback zu geben.

- Multikanalstrategien: Die Integration verschiedener Kom-
munikationskanäle ermöglicht eine effektive Kundenansprache.
- Feedback-Management: Das aktive Einholen von Kundenfeedback ermöglicht es, auf Bedürfnisse einzugehen und
die Servicequalität kontinuierlich zu verbessern.

Zukünftige Trends zur Kundenbindung im Handel begründen
sich in den nachfolgenden Herausforderungen oder Aspekten:

- Kundenwechselbereitschaft: In einer zunehmend wettbe-
werbsorientierten Umgebung ist es eine Herausforderung,
Kunden langfristig zu binden.

- Digitalisierung: Die Integration digitaler Kanäle erfordert eine Anpassung der Kundenbindungsstrategien.
- Künstliche Intelligenz im Kundenservice: Die Nutzung von KI zur Personalisierung.
- KI: KI-basierte Automatisierung des Kundenservice.
- Nachhaltigkeit: Umweltbewusstsein und ethische Geschäftspraktiken gewinnen an Bedeutung und beeinflussen die Kundenbindung.

Kundenbindungsprogramme:

Kundenbindungsprogramme sind Maßnahmen, die Unternehmen einsetzen, um die Loyalität und Zufriedenheit ihrer Kunden zu erhöhen. Das Ziel dieser Programme ist es, Kunden langfristig an das Unternehmen zu binden und wiederholte Käufe zu fördern. Hier sind einige gängige Elemente von Kundenbindungsprogrammen:

- Punktebasierte Systeme: Kunden sammeln bei jedem Einkauf Punkte, die sie später gegen Rabatte, Prämien oder exklusive Angebote einlösen können. Diese Systeme sind einfach und transparent, was sie bei Kunden sehr beliebt macht[14].
- Treuekarten: Kunden erhalten eine Karte, die sie bei jedem Einkauf vorzeigen. Nach einer bestimmten Anzahl von Einkäufen oder einem bestimmten Umsatz erhalten sie Belohnungen.
- Kundenclubs: Kunden können Mitglied in speziellen Clubs oder Programmen werden, die ihnen zusätzliche Vorteile bieten. Es wird die Mitgliedschaft in einem VIP-Club angeboten, mit exklusiven Veranstaltungen und Angeboten.

---

[14] Vgl.: URL Kundenbindung im Einzelhandel - Strategien für 2025, Smartstore, Zugriff 27.12.2024, o.V..

Kunden erhalten spezielle Rabatte, Angebote oder Zugang zu exklusiven Produkten und Dienstleistungen.

Rabatt- und Bonusprogramme:

- Sofortrabatte: Kunden erhalten sofortige Preisnachlässe auf ihre Einkäufe, wenn sie bestimmte Bedingungen erfüllen, wie z.B. einen Mindestbestellwert.

- Cashback-Programme: Kunden bekommen einen Teil ihres Geldes zurück, wenn sie einen bestimmten Betrag ausgegeben haben.

Personalisierte Angebote:

- Gezielte Werbung: Durch die Analyse von Kaufverhalten und Präferenzen können Einzelhändler personalisierte Angebote und Empfehlungen aussprechen, die auf die individuellen Bedürfnisse der Kunden zugeschnitten sind.

- Exklusive Angebote: Kunden erhalten spezielle Rabatte oder Angebote, die nur für sie gelten, basierend auf ihrem bisherigen Einkaufsverhalten.

Abonnementmodelle:

- Subscription Services: Kunden abonnieren regelmäßige Lieferungen von Produkten oder Dienstleistungen, oft mit einem Rabatt oder zusätzlichen Vorteilen. Dies schafft eine kontinuierliche Beziehung und erhöht die Kundenbindung[15].

Erlebnisorientiertes Marketing:

- Events und Workshops: Einzelhändler veranstalten spezielle Events, Workshops oder Kurse, um Kunden in das

---

[15] Vgl.: URL https://www.e-commerce-magazin.de/kundenbindung-im-einzelhandel-diese-strategien-muessen-sie-kennen-a-eee5d4380de2310fbf57 bf636fa825d3/, E-Commerce Magazin, Zugriff 27.12.2024, H. Sieger.

Geschäft zu locken und ihnen ein besonderes Einkaufserlebnis zu bieten.

- In-Store-Erlebnisse: Schaffung einer ansprechenden und interaktiven Ladenumgebung, die den Kunden ein einzigartiges Einkaufserlebnis bietet.

Omni-Channel-Strategien:

- Integration von Online- und Offline-Kanälen: Kunden können nahtlos zwischen verschiedenen Verkaufskanälen wechseln, z.B. online einkaufen und im Geschäft abholen oder umgekehrt. Dies erhöht die Bequemlichkeit und Zufriedenheit der Kunden.

Beispiele erfolgreicher Kundenbindung sind:

- Starbucks: Starbucks hat durch personalisierte Kundenansprache, Treueprogramme und die Schaffung einer einladenden Atmosphäre eine starke Kundenbindung aufgebaut.
- Amazon Prime: Amazon Prime bietet nicht nur schnellen Versand, sondern auch Zugang zu Streaming-Diensten und exklusiven Angeboten, was die Kundenbindung erhöht.
- Zappos: Zappos legt einen starken Fokus auf exzellenten Kundenservice, darunter kostenlose Rücksendungen und einen 24/7-Kundensupport, um Kunden langfristig zu binden.

3.5. Personaleinsatz

Das Management von Mitarbeitern im Einzelhandel erfordert spezifische Fähigkeiten. Um ein engagiertes und kompetentes

Verkaufsteam aufzubauen, sind Praktiken der Personalführung und -schulung notwendig. Der Personaleinsatz umfasst die Planung, Steuerung und Kontrolle des Einsatzes von Mitarbeitern im Handelsbetrieb. Ziel ist es, den Personalbedarf entsprechend den betrieblichen Anforderungen und saisonalen Schwankungen optimal zu decken.

Ein effektiver Personaleinsatz und eine gezielte Mitarbeiterqualifizierung sind unverzichtbar im Handel. Sie gewährleisten:

- Effizienz in der Arbeitsorganisation.
- Flexibilität, um Marktschwankungen zu begegnen.
- Kundenzufriedenheit durch geschultes Personal.

Im Einzelnen lässt sich dies wie folgt detailliert beschreiben:

Arbeitszeitplanung:

- Erstellung von Schichtplänen und Arbeitszeitmodellen (z. B. Vollzeit, Teilzeit, Minijobs).
- Flexible Anpassung an Nachfrage und Umsatzentwicklung (z. B. Mehrarbeit an Wochenenden).

Aufgabenverteilung:

- Zuweisung von Tätigkeiten wie Beratung, kassieren, Regalpflege, Warenpflege oder Lagerorganisation.
- Spezialisierung der Mitarbeiter je nach Kompetenzen (z. B. Elektronikberatung, Mode).

Flexibilität:

- Reaktion auf Nachfrageänderungen, z. B. durch Aushilfen oder Leasingkräfte oder Arbeitszeitmodelle.

Arbeitsrecht:

- Einhaltung gesetzlicher Vorschriften (z. B. Arbeitszeiten, Pausenregelungen).

- Hoher Personalwechsel und Fluktuation, insbesondere im Einzelhandel, erfordert kontinuierliche Einarbeitung neuer Mitarbeiter.

> Arbeitszeitplanung:

- Schichtpläne.
- Flexible Anpassungen.

> Aufgabenverteilung:

- Zuweisung von Tätigkeiten.
- Spezialisierung der Mitarbeiter.

> Flexibilität:

- Reaktion auf Nachfrageänderungen.

> Arbeitsrecht:

- Einhaltung gesetzlicher Vorschriften.
- Hoher Personalwechsel, Fluktuation und neue Mitarbeiter.

Abbildung 17: Personaleinsatz

Eine angemessene Qualifizierung fördert Fachwissen, Verkaufskompetenzen, technologische Anpassungsfähigkeit und stärkt dadurch die Wettbewerbsfähigkeit des Handelsunternehmens. Somit tragen diese Maßnahmen maßgeblich zur Umsatzsteigerung und langfristigen Kundenbindung bei. Diese sind als zentrale Erfolgsfaktoren für die Wettbewerbsfähigkeit und Kundenzufriedenheit anzunehmen. Die Qualifizierung umfasst alle Maßnahmen zur Weiterbildung, Schulung und Förderung von Mitarbeitern, um ihre Fachkompetenzen, Sozialkompetenzen und Verkaufstechniken zu verbessern. Im Einzelnen lassen sich die Inhalte der Qualifizierungsmaßnahmen wie folgt beschreiben:

Fachliche Schulungen:

- Produktschulungen für spezifische Warengruppen.

- Vorbereitung auf neue Technologien und digitale Tools (z. B. Kassensysteme, Warenwirtschaft) und IT-Schulungen
- Lager- und Logistikprozesse.

Verkaufstrainings:

- Kundenkommunikation und Beschwerdemanagement.
- Verkaufspsychologie und Upselling-Techniken.
- Umgang mit schwierigen Kunden.
- Förderung von Fachwissen und Beratungskompetenz, um sich von Wettbewerbern abzuheben.
- Schulung zu Trends (z. B. Nachhaltigkeit, E-Commerce) zur Anpassung an Marktentwicklungen.

Soft-Skill-Trainings:

- Teamarbeit, Konfliktlösung und Führungskompetenzen.
- Zeitmanagement und Selbstorganisation.
- Verbesserung der Servicequalität durch kompetente Beratung.

Technologiekompetenzen:

- Nutzung von digitalen Tools, z. B. Warenwirtschaftssysteme und mobile Kassensysteme.
- E-Commerce-Integration und Omni-Channel-Strategien.

Rechts- und Sicherheitsvorgaben:

- Arbeitssicherheit und Datenschutz.
- Verbraucherrechte und Reklamationsmanagement.

Mitarbeiterentwicklung:

- Motivation und Entwicklungsperspektiven zur Reduzierung der Fluktuation.

4.   Sortimentsmanagement

Unter einer Sortimentsgestaltung versteht man die Vorauswahl und Strukturierung des Produktangebots für den Kunden durch den Handel. Das Sortiment, als Summe der geclusterten Produkte, differenziert sich in der Sortimentsbreite und -tiefe. Sortimentsgestaltung ist ein dynamischer Prozess, der die Grundlage für den Erfolg im Einzel- und Großhandel legt, denn entweder kauft der Kunde die Ware oder nicht.

Sortimentsmanagement ist eine zentrale Säule im Retail Management und spielt eine entscheidende Rolle zur Schaffung von Attraktivität, Differenzierung und Wettbewerbsvorteilen für Unternehmen in der dynamischen Einzelhandelslandschaft.

Die Sortimentsgestaltung muss auf die Herausforderungen im Handel permanent dynamisch reagieren und flexibel bleiben. Als Herausforderungen sind hervorzuheben:

- Schnelle Veränderungen in Verbraucherpräferenzen und Anpassung des Sortiments an Online-Konkurrenz.
- Einführung neuer Produkte zur Kundengewinnung u.a. beeinflusst von sich verändernden Verbrauchernachfragen, technologischen Fortschritten und globalen Markttrends.
- Beobachtung von Markttrends, z. B. Nachhaltigkeit und Digitalisierung sowie Produktinnovationen.
- Effektives Bestandsmanagement zur Vermeidung von Überbeständen und Abschreibungen.
- Im Kostenmanagement die Balance zwischen Produktvielfalt und Lagerkosten abbilden.

Ein erfolgreiches Sortimentsmanagement ist somit entscheidend für die Wettbewerbsfähigkeit im Handel. Es sorgt für ein kundenorientiertes, flexibles und wirtschaftliches Angebot, das auf Markttrends und betriebliche Ziele der Unternehmung abgestimmt ist. Dabei spielen eine systematische Planung, eine kontinuierliche Kontrolle und die Anpassung des Sortiments an veränderte Marktbedingungen eine wesentliche Rolle.

4.1. Ziele

Das Sortimentsmanagement im Handel, insbesondere im Einzelhandel, verfolgt Ziele, deren Zweck es ist, das Angebot optimal auf die Bedürfnisse der Kunden abzustimmen aber gleichzeitig die wirtschaftlichen Ziele des Unternehmens zu erreichen. Diese Ziele helfen dem Handel in der Steuerung der Geschäftstätigkeit, ein ausgewogenes und erfolgreiches Sortiment zu entwickeln und zu erhalten, das sowohl den Kundenbedürfnissen als auch den Unternehmenszielen gerecht wird. Die Ziele lassen sich wie nachfolgend beschrieben erfassen:

Kundenzufriedenheit:

- Bereitstellung eines bedarfsorientierten und ansprechenden Angebots. Das Sortiment, soll den Bedürfnissen und Wünschen der Kunden entsprechen, um deren Zufriedenheit und Loyalität zu erhöhen.

- Anpassung an Trends, Saisonalitäten und regionale Präferenzen sowie die Fähigkeit, schnell auf Marktveränderungen und Trends zu reagieren, um das Sortiment kontinuierlich zu aktualisieren und relevant zu halten.

- Ein flexibles Sortimentsmanagement ermöglicht es dem Handel, schnell auf Marktveränderungen und Kundenbedürfnisse zu reagieren.

Wettbewerbsvorteil:

- Differenzierung von Mitbewerbern durch spezielle Produktangebote oder Exklusivartikel.

- Entwicklung eines einzigartigen (differenzierten) und attraktiven Sortiments, das den Kunden anzieht und sich von dem der Wettbewerber abhebt.

- Ein gut durchdachtes Sortiment kann dem Handel einen Wettbewerbsvorteil verschaffen, indem es sich von der Konkurrenz abhebt.

Umsatz- und Gewinnsteigerung:

- Optimierung des Sortiment-Mix zur Maximierung der Erträge (= Umsatz – Kosten). Platzierung von Produkten, die den Umsatz maximieren.

- Förderung von Impulskäufen durch gezielte Platzierung und Aktionen.

- Identifikation von Bestsellern und die Einführung neuer, potenziell erfolgreicher Produkte.

- Sicherstellung, dass das Sortiment eine angemessene Marge erzielt und zur Rentabilität des Unternehmens beiträgt.

Effizienz in der Lagerhaltung:

- Reduzierung von Überbeständen und Minimierung von Lagerkosten.

- Optimierung der Lagerhaltung und Minimierung der Kosten des Warenbestands durch effizientes Bestandsmanagement und Vermeidung von Überbeständen oder Fehlbeständen.

Nachhaltigkeit:

- Integration von nachhaltigen Produkten, Verpackungen und Praktiken in das Sortiment, um den Wünschen und

Anforderungen der Kunden nach umweltfreundlichen und nachhaltig produzierten Waren gerecht zu werden.

Markenimage[16]:

- Aufbau und Pflege eines konsistenten Markenimages. Dies kann durch die Auswahl von Markenprodukten oder eigene Positionierung der Geschäftstätigkeit gestärkt werden.

- Markenprodukte definieren die Wertigkeit und Attraktivität des Sortiments, während die Sortimentsbreite und -tiefe bestimmt, wie gut Kundenwünsche erfüllt werden.

- Ein ausgewogener Markenmix, ergänzt durch Eigenmarken, ermöglicht dem Händler, sich flexibel an Markttrends anzupassen, die Kundenzufriedenheit zu steigern und gleichzeitig wirtschaftliche Risiken zu minimieren.

- Ein sorgfältig ausgewähltes Sortiment trägt zur Stärkung des Markenimages und der positiven Wahrnehmung des Unternehmens bei.

4.2. Sortimentsarten

Sortimentsarten helfen, das Warenangebot gezielt zu strukturieren. Die Art der Sortimente erfüllt dabei vielfältige Funktionen, die von der Bedarfsdeckung über die Markenstärkung bis

---

[16] Anmerkung: Es umfasst Werte wie Vision und Mission einer Marke, mit den Kernfragen: Wofür steht die Marke? Welche Werte werden vermittelt? Welches Problem löst die Marke für die Zielgruppe? Ein konsistenter Ausbau des Markenimages gelingt durch eine klare Markenstrategie, ein einheitliches visuelles und kommunikatives Erscheinungsbild sowie die kontinuierliche Anpassung an Markttrends und Kundenwünsche. Vertrauen, Authentizität und emotionale Bindung spielen dabei eine zentrale Rolle, um die Marke nachhaltig im Bewusstsein der Kunden zu verankern.

hin zur Umsatzförderung reichen. Ein gut strukturiertes Sortiment als Basis- oder Grundsortiment steigert die Wettbewerbsfähigkeit und schafft Kundenzufriedenheit.

- Der gezielte Einsatz von Kern-, Ergänzungs- und Aktionssortimenten sorgt für eine optimale Kundenansprache und eine nachhaltige Marktpositionierung.

Sortimentsarten beschreiben die Zusammensetzung und Struktur des Warenangebots eines Händlers.

- Sie werden nach Breite (Produktgruppen) und Tiefe (Produktvarianten) unterschieden und können an die Marktanforderungen angepasst werden.

Die Funktion und der Zweck der Sortimentsarten orientiert sich an der Zielgruppe und dient der Bedarfserfüllung und Kundenorientierung. Das Sortiment und die Sortimentsarten werden fortlaufend so gestaltet, dass es die Wünsche und Bedürfnisse der Zielgruppen erfüllt. Nur so kann die Umsatzmaximierung im Handel gelingen.

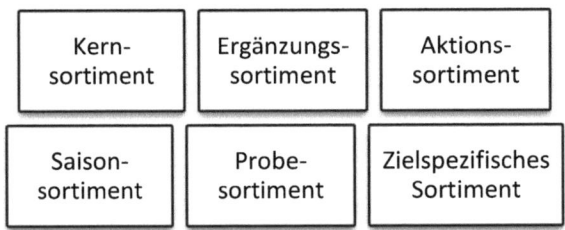

Abbildung 18: Sortimente

Im Nachfolgenden werden die Aufgaben der Ergänzungs-, Kern- und Aktionssortimente erweitert um zusätzlich mögliche Sortimentsarten der Saison-, Probe- oder zielspezifisches Sortiment ausgeführt.

Kernsortiment: Hauptartikel, die regelmäßig nachgefragt werden.

- Deckung des Grundbedarfs und Sicherstellung der Verfügbarkeit.
- Beispiel: Lebensmittel in einem Supermarkt (Brot) oder Werkzeuge in einem Baumarkt.

Ergänzungssortiment (Randsortiment): Produkte, die das Kernsortiment erweitern und Zusatzkäufe ermöglichen.

- Impulskäufe fördern und die Kundenerwartungen übertreffen.
- Beispiel: Batterien oder Geschenkartikel in einem Elektronikgeschäft.

Saisonsortiment: Artikel, die nur zu bestimmten Jahreszeiten verkauft werden. Diese gehören nicht zum Kerngeschäft, fördern aber Zusatzkäufe.

- Abdeckung saisonaler Bedürfnisse und Umsatzsteigerung durch Sonderaktionen.
- Beispiel: Weihnachtsdekoration, Sommermode oder Grillzubehör.

Aktionssortiment: Produkte, die zeitlich begrenzt und häufig rabattiert angeboten werden. Kurzfristige Sonderangebote oder Werbeaktionen zur Verkaufsförderung.

- Kundenfrequenz erhöhen und kurzfristige Umsätze steigern.
- Beispiel: Wochenangebote oder Sonderaktionen in Discountern.

Probesortiment: Neue Artikel, die getestet werden, bevor sie dauerhaft ins Sortiment aufgenommen werden.

- Trends erkennen und Marktchancen nutzen.
- Beispiel: Neue Lebensmittelvarianten oder Technologien.

Zielspezifisches Sortiment: Produkte, die auf bestimmte Kundengruppen zugeschnitten sind. Maßgeschneiderte Angebote für bestimmte Kundengruppen.

- Erfüllung spezifischer Bedürfnisse und Nischenabdeckung.
- Beispiel: Bio-Produkte oder Luxusartikel für eine besserverdienenden Zielgruppe.

4.3. Durchführung

Das Management des Sortiments umfasst die Auswahl, Zusammenstellung und Pflege des Sortiments unter Berücksichtigung von Markttrends, Kundenpräferenzen und wirtschaftlichen Zielen. Es balanciert fortlaufend das Warenangebot, um den Kundenbedürfnissen gerecht zu werden, mit dem Ziel, Umsatz und Rentabilität zu maximieren. Die Durchführung des Sortimentsmanagements folgt der nachfolgenden Vorgehensweise:

Sortimentsanalyse:

- Untersuchung bestehender Produkte hinsichtlich des Absatzes, Rentabilität und Marktakzeptanz.
- Ermittlung von Trends und Kundenanforderungen durch Marktforschung.

Sortimentsplanung:

- Auswahl von Produktgruppen und Artikeln zur Deckung des Kundenbedarfs.
- Festlegung von Breite (Produktkategorien) und Tiefe (Artikelvarianten) des Sortiments.

Sortimentsgestaltung:

- Entscheidung über Kernsortimente (Hauptprodukte), Randsortimente (Ergänzungsprodukte) und Aktionsware (temporäre Ware oder temporäre Preise).
- Einführung neuer Produkte und Auslistung wenig gefragter Artikel.

Sortimentskontrolle:

- Überwachung von Verkaufszahlen und Lagerbeständen.
- Analyse von Umsatz- und Deckungsbeitragsentwicklungen.
- Anpassung des Sortiments an veränderte Marktbedingungen.

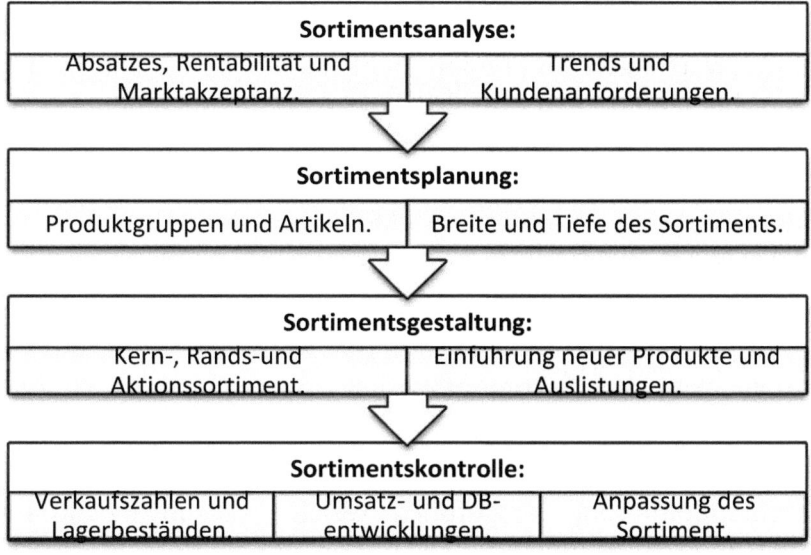

Abbildung 19: Durchführung Sortimentsmanagement

4.4. Sortimentsoptimierung

Ein erfolgreiches Retail Management erfordert eine sorgfältige Sortimentsgestaltung und -optimierung, die nicht nur die Bedürfnisse der Kunden erfüllt, sondern auch zu einer nachhaltigen Umsatzsteigerung führt. Hiermit wird verdeutlicht, dass eine effektive und fortlaufende Sortimentsgestaltung das Produktspektrum umfasst, aber die Grundlage für eine erhöhte Kundenzufriedenheit und -frequenz bildet und letztendlich einen Wettbewerbsvorteil ausmacht.

Nach wie vor dominiert die Kundenorientierung das Maß des Handelns, ergänzt um das tiefe Verständnis für die Bedürfnisse und Erwartungen der Kunden. Der Produktlebenszyklus wird als entscheidender Faktor für die Anpassung des Sortiments an aktuelle Trends und Marktentwicklungen im nachfolgenden Kapitel 4.5. vorgestellt. Die Analyse von Verkaufsdaten und die Identifikation profitabler Produkte stehen der Betrachtung zur Rentabilität im Fokus.

Die ABC-Analyse dient bspw. der Priorisierung von Produkten nach Umsatz und Bedeutung. Die Marktsegmentierung als Möglichkeit, das Sortiment gezielt an verschiedene Kundengruppen anzupassen.

Nachfolgend werden praxisnahe Einblicke in die Welt der Sortimentsoptimierung ausgeführt, welche als unverzichtbares Werkzeug angesehen werden können, um die Herausforderungen des modernen Handels zu meistern und um dauerhaft in der Handelswelt Bestand zu haben.

Nachfolgend finden Sie die Struktur zum Thema Sortiment und die Einbettung der Sortimentsoptimierung.

Sortimentsgestaltung

- Definition von Sortimentsgestaltung, dazu vergleiche Kapitel 4.1 – 4.3.
- Ziel: Kundenzufriedenheit, Umsatzsteigerung, Wettbewerbsvorteil

Grundprinzipien der Sortimentsoptimierung

- Kundenorientierung: Verständnis für Kundenbedürfnisse und -erwartungen
- Produktlebenszyklus: Berücksichtigung von Trends und Marktentwicklungen
- Rentabilität: Analyse von Verkaufsdaten und Profitabilität der Produkte

Methoden und Tools für die Sortimentsoptimierung

- ABC-Analyse: Priorisierung von Produkten nach Umsatz und Bedeutung
- XYZ-Analyse: Bewertung der Nachfragekonstanz und Vorhersagbarkeit von Produkten.
- Sortimentscontrolling: Laufende Überwachung von Sortimenten auf Basis von Kennzahlen.
- Warengruppenmanagement (Category Management): Optimierung der Produktplatzierung und Produktgruppenstruktur aus Kundensicht.
- Portfolio-Analyse (Boston Consulting Matrix): Klassifizierung von Produkten nach Marktattraktivität und Marktanteil in vier Quadranten.

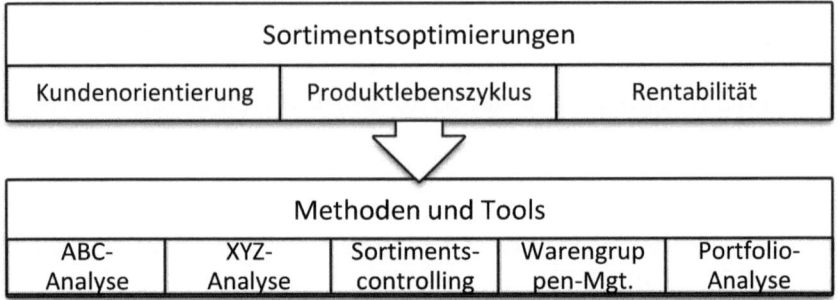

Abbildung 20: Sortimentsoptimierung

Die Sortimentsoptimierung ist als ein zentraler Bestandteil in das Sortiment im Handel eingebettet, um das Angebot gezielt auf die Bedürfnisse der Kunden und die Marktanforderungen fortlaufend abzustimmen. Dabei werden verschiedene Methoden und Tools eingesetzt, um die Effizienz, den Umsatz und die Rentabilität des Sortiments zu maximieren.

4.4.1.   ABC-Analyse

Der Zweck liegt in der Identifizierung der umsatzstärksten Produkte (A), der durchschnittlichen Produkte (B) und der umsatzschwachen Produkte (C).

Vorgehen:

- Ziel festlegen und zugehörige Daten sammeln wie bspw. Produkt Nr., Produktbezeichnung, Preis (€), Menge per Jahr (Stück) und Umsatz (€).

- Analyse der Verkaufsdaten pro Artikel nach bspw. Umsatz (Preis x Menge per Jahr) in einer Tabelle. Die Tabelle wird absteigend sortiert.
- Berechnung des Gesamtumsatzes im Jahr durch Summierung der einzelnen Produktumsätze.
- Berechnung des Anteils jedes Artikelumsatzes am Gesamtwert (z. B. Prozentanteil des Umsatzes), indem Sie den Umsatz pro Produkt und Jahr durch den Gesamtumsatz und Jahr dividieren. Das Ergebnis ist eine Prozentzahl.
- Neue Spalte ABC einfügen in die Tabelle.
- Tabelle ist absteigend sortiert nach dem Wert des Artikelumsatzes.
- Berechnung der kumulierten Werte (z. B. kumulierter Umsatz) mittels fortlaufenden Aufaddierens der Einzelumsätze und den kumulierten Prozentsatz.
- Manuelle Ergänzung des ABC-Zeichens nach den im Folgenden gegebenen Gruppierungen:

    Gruppe A: Die wichtigsten Objekte, die etwa 70-80 % des Gesamtwerts (z. B. Umsatz) ausmachen.

    Gruppe B: Die mittelwichtigen Objekte, die etwa 15-25 % des Gesamtwerts ausmachen.

    Gruppe C: Die weniger wichtigen Objekte, die etwa 5-10 % des Gesamtwerts ausmachen.

Ergebnis: Die Produkte des Sortiments sind nach wirtschaftlicher Bedeutung in die Gruppen A, B und C gruppiert und priorisiert.

Basierend auf der Gruppeneinteilung werden Maßnahmen ableiten, wie bspw.:

Gruppe A: Konzentrieren Sie sich auf diese Produkte, stellen Sie sicher, dass sie stets verfügbar sind, und optimieren Sie die Marketingstrategien.

Gruppe B: Diese Produkte sollten regelmäßig überprüft werden, aber nicht die gleiche Priorität wie Gruppe A erhalten.

Gruppe C: Diese Produkte könnten reduziert oder aus dem Sortiment genommen werden. Möglicherweise ist es effizienter, weniger Ressourcen in ihre Pflege zu investieren.

Als Ergebnis erkennen Sie die Verteilung der Sortimentsumsätze auf die einzelnen Produkte.

	A	B	C
Wichtigkeit für das Unternehmen	Sehr wichtig.	Wichtig.	Weniger wichtig.
Anteil am Umsatz	Sehr hoch.	Hoch	Gering.
Empfehlung	Abschöpfen. Optimieren, nur in wirtschaftliche Marketingstrategien investieren.	Bewerben, entwickeln und fördern. Verkaufsanteil erhöhen.	Aus dem Sortiment nehmen, desinvestieren.

Tabelle 1: ABC-Analyse

4.4.2.   XYZ-Analyse

Der Zweck ist die Bewertung der Nachfragekonstanz und die Vorhersagbarkeit von Produkten. Es gilt die X-Produkte mit hoher Vorhersagbarkeit (stetige Nachfrage), Y-Produkte mit mittlerer Vorhersagbarkeit und Z-Produkte mit unregelmäßiger

Nachfrage zu erkennen[17]. Die XYZ-Analyse wird mit der statistischen Funktion des Variationskoeffizienten berechnet.

Vorgehen:

- Ziel festlegen und zugehörige Daten sammeln wie bspw. Produkt Nr., Produktbezeichnung, Preis (€) und Abgang pro Monat (Stück).

- Zur Analyse der Absatzzahlen pro Monat in der Excel-Tabelle wird die Tabelle um vier Spalten erweitert und bezeichne diese mit arithmetischem Mittelwert, Standardabweichung, Variationskoeffizient und XYZ-Zeichen.

- Berechne mittels der Microsoft Excel-Funktionen (f_x) die Werte für den arithmetischen Mittelwert, Standardabweichung und Variationskoeffizient.

- Um den Mittelwert zu berechnen:
  = MITTELWERT(Anfangsfeld: Endfeld) der Abgänge der jeweiligen Zeile.

- Um die Standardabweichung zu berechnen:
  = STASTABW(Anfangsfeld: Endfeld) der Abgänge der jeweiligen Zeile.

- Um den Variationskoeffizienten zu berechnen:
  = STASTABW(Anfangsfeld: Endfeld)) / MITTELWERT (Anfangsfeld: Endfeld).

- Ergänzt wird nun das XYZ-Zeichen manuell pro Zeile in der Spalte XYZ-Zeichen, nach den im Folgenden gegebenen Gruppierungen.
  Kategorie X: 0 – 0,49
  Kategorie Y: 0,5 – 0,99
  Kategorie Z: < 1

---

[17] Anmerkung: Die statistische Datenauswertung mit der Methode XYZ wird auch als RST-Analyse bezeichnet.

Ergebnis: Die Produkte des Sortiments sind nach wirtschaftlicher Bedeutung in die Gruppen X, Y und Z gruppiert und zugewiesen.

Basierend auf der Gruppeneinteilung werden Maßnahmen abgeleitet, wie bspw.:

- X-Produkte: Hohe Vorhersagbarkeit (stetige Nachfrage). Es werden just-in-time Strategien möglich, mit geringem Bestand, geringem Sicherheitsbestand und laufender Versorgung. Mengen- und Rahmenverträge können vorteilhaft ausgehandelt werden und attraktive Zahlungsziele. Der Beschaffungsprozess kann automatisiert werden.
- Y-Produkte: Mittlere Vorhersagbarkeit (saisonale Schwankungen). Hier ist der Lagerbestand nach der erwarteten Saison zusammenzustellen.
- Z-Produkte: Unregelmäßige Nachfrage. Bestellungen nach Bedarf sind vorteilhaft, um gebundenes Kapital zu vermeiden. Häufig wird bewusst mit Fehlbeständen gearbeitet und im Bedarfsfall auftragsbezogen nachbestellt. Eine Vorratshaltung macht keinen Sinn, hier sind flexible Lieferanten zu bevorzugen, die auf Nachfrageänderungen reagieren können. Es kann auf Abruf bestellt werden. Alternativ sind höhere Sicherheitsbestände erforderlich, um Schwankungen und Unsicherheiten abzudecken, um zu liefern.

Als Ergebnis folgen die Anpassungen der Beschaffungs-, Lagerhaltungs- und Dispositionsstrategien, um Überbestände zu vermeiden.

	X	Y	Z
Verbrauchsver-halten	Konstant, regel-mäßig, gleich-mäßig	Schwankend, saisonal	Sporadisch, un-regelmäßig, un-vorhersehbar
Prognosefähig, planbar	Gut und geeig-net	Mittel, geeignet mit Beschrän-kungen, mach-bar	schlecht, unge-eignet
Empfehlung	Synchron zum Abgang, Liefer-kontrakte.	Rollierende Dis-position und er-gänzende saiso-nale Lagerung.	Lagerung und Bevorratung oder auf Abruf.

Tabelle 2: XYZ-Analyse

4.4.3.   Sortimentscontrolling

Sortimentscontrolling ist ein Bestandteil des Controllings im Handel und befasst sich mit der Planung, Steuerung und Kon-trolle des Sortiments. Es stellt sicher, dass das Sortiment wirt-schaftlich rentabel ist. Um den Zweck zu erreichen, ist die lau-fende Überwachung der Sortimentsinhalte auf Basis von Kenn-zahlen nötig.

Mögliche Analysen und Kennzahlen sind:

- Umsatzkontrolle: Überwachung der Umsatzentwicklung des gesamten Sortiments sowie einzelner Produktgruppen, um festzustellen, ob das Sortiment marktkonform ist und abverkauft wird.
- Deckungsbeitrag: Gewinnspanne je Produkt.
- Anteile: Umsatzanteil pro Produktkategorie.

- Lagerumschlagshäufigkeit: Geschwindigkeit der Lagerbewegung pro Artikel.
- ABC-Analyse: Priorisierung der Warengruppen basierend auf ihrem Umsatzanteil, um die wichtigsten Produkte zu identifizieren und zu fördern (vgl. Kapitel 4.4.1).
- Kundenumsatz: Durchschnittlicher Einkaufsbetrag pro Kunde, um die Effizienz und Produktivität des Sortiments zu messen.

Durch diese Methoden kann ein Unternehmen sein Sortiment analysieren, wirtschaftlich betreiben und an die Marktanforderungen anpassen. Die Analyse macht das frühzeitige Erkennen von Optimierungsbedarf und eine gezielte Nachsteuerung möglich.

4.4.4.   Warengruppenmanagement

Warengruppenmanagement (engl. Category Management) ist ein strategischer Ansatz, bei dem Produkte oder Dienstleistungen in sinnvoll verwandte Gruppen eingeteilt und als eigenständige Geschäftseinheiten verwaltet werden. Ziel ist es, den Kundennutzen zu erhöhen und die betrieblichen Ergebnisse zu verbessern. Der Kundennutzen wird bspw. erhöht durch eine bessere Ausrichtung des Sortiments an den Bedürfnissen der Kunden, was deren Zufriedenheit steigert. Auf der anderen Seite können Kosteneinsparungen aus effizienteren Beschaffungsprozessen und besseren Verhandlungspositionen (Menge, Umsatz) mit Lieferanten erzielt werden. Ergänzend werden Unternehmen mittels der strategischen Steuerung der Warengruppen (Markt- und Kundenbedürfnisse) ihre Marktposition ausbauen bzw. stärken und sich gegenüber Wettbewerbern besser behaupten und von ihnen abheben.

Vorgehensweise Warengruppenmanagement

- Kategorisierung: Produkte werden in sinnvolle Gruppen eingeteilt, basierend auf Kriterien wie Produkttyp (z. B. Oberbekleidung, Getränke, Snacks), Verwendungszweck oder Lieferant.
- Bedarfsanalyse: Analyse des Abverkaufs (Kaufverhaltens der Kunden) innerhalb der jeweiligen Warengruppe. Ermittlung des aktuellen und zukünftigen Bedarfs innerhalb jeder Warengruppe, um die Beschaffung wirksam zu planen und gestalten.
- Lieferantenmanagement: Auswahl und Bewertung von Lieferanten für jede Warengruppe, um stabile Partnerschaften aufzubauen und bessere Konditionen zu verhandeln.
- Vertragsmanagement: Aushandeln und Verwalten von Verträgen auf Gruppenbasis, um Verwaltungskosten zu senken und die Verhandlungsmacht zu erhöhen.
- Strategische Abstimmung: Festlegung von Warengruppenzielen und -strategien, um die Warengruppen optimal zu steuern und die Unternehmensziele zu unterstützen.
- Analyse des Kaufverhaltens innerhalb der Gruppen.

Durch diese systematische Vorgehensweise der Warengruppierung können Unternehmen Kundenbedürfnisse und Beschaffungspreise/-prozesse optimieren und wirtschaftliche Erfolge erzielen. Als Ergebnis sollten sich niedrigere Kosten, Erhöhung des Abverkaufs und Margensteigerung durch Clusterung der Waren einstellen.

4.4.5.   Portfolio-Analyse

Der Zweck liegt in der Klassifizierung von Produkten in einem Vier-Felder-Quadranten (vgl. Kapitel 4.5. Produktlebenszyklus).

Die Boston Consulting Group (BCG)-Matrix oder BCG-Portfolio-Matrix ist ein strategisches Instrument, das Unternehmen dabei hilft, ihre Produkte oder Geschäftsbereiche zu bewerten und entsprechende Strategien zu entwickeln. Die Matrix teilt Produkte oder Geschäftsbereiche in vier Kategorien ein, basierend auf zwei Dimensionen:

- Marktwachstum und dem relativen Marktanteil.

Diese vier Kategorien bilden die Grundlage für die Entwicklung von Normstrategien, die Unternehmen helfen, ihre Ressourcen effizient zu verteilen und zu investieren. Die vier Felder gründen auf der vertikalen Achse Marktwachstum und der horizontalen Achse des relativen Marktanteils. Beide Achsen werden in die Ausprägung gering bis hoch unterteilt. Somit ergeben sich aus zwei Achsen und zwei Skalierungen vier Felder in einem Quadrat.

- Poor Dogs (arme Hunde): Niedriger Marktanteil in einem Markt mit geringem Wachstum

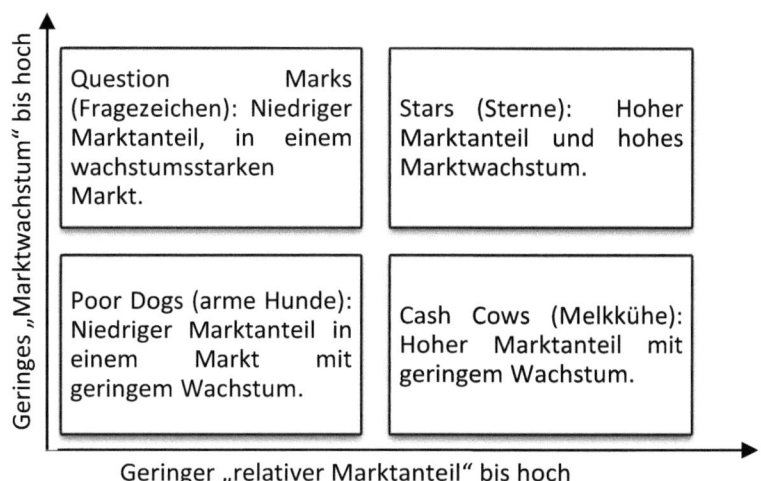

Abbildung 21: Boston Consulting Matrix

Die vier Kategorien und die entsprechenden Normstrategien sind:

Kategorien (BCG-Matrix):

- Stars: Hoher Marktanteil und hohe Nachfrage (weiter fördern). Ein wachstumsstarker Markt liegt vor (Wachstum).
- Cash Cows: Hoher Marktanteil, stabile Nachfrage in einem Markt mit geringem Wachstum (reife oder gesättigte Märkte).
- Question Marks: Niedriger bis geringer Marktanteil, unsicheres Wachstumspotenzial in einem wachstumsstarken Markt.
- Poor Dogs: Niedriger Marktanteil in einem Markt mit geringem Wachstum (gesättigte oder rückläufige Märkte).

Als Ergebnis liegt eine Vier-Felder-Clusterung zur strategischen Planung von Investitionen und Sortimentsanpassungen vor. Die vier Normstrategien lauten:

- Stars, d.h. investieren und Wachstum fördern: Da Stars viel Potenzial für weiteres Wachstum bieten, ist es wichtig, in diese Produkte zu investieren, um den Marktanteil zu sichern oder weiter auszubauen. Das Ziel ist es, den Marktführerschaftsstatus zu festigen und von dem hohen Marktwachstum zu profitieren.

- Cash Cows d.h. ernten und Profite maximieren: Da diese rentablen Produkte bereits einen hohen Marktanteil haben und auf einem gesättigten Markt agieren, sollten Unternehmen weniger investieren und stattdessen die Profite maximieren, um die erwirtschafteten Mittel für die Finanzierung anderer Geschäftsfelder (z. B. Stars oder Question Marks) zu nutzen.

- Question Marks, d.h. investieren oder aussteigen: Fragezeichen sind Produkte mit Potenzial, aber auch mit Unsicherheit. Es wird empfohlen, entweder weiter in das Produkt zu investieren, um seinen Marktanteil zu erhöhen, oder das Produkt aufzugeben, wenn es keine realistische Aussicht auf Erfolg hat. Eine gründliche Analyse ist notwendig, um festzustellen, ob es sich lohnt, das Produkt zu fördern oder nicht.

- Poor Dogs, d.h. desinvestieren oder eliminieren: Arme Hunde sind Produkte, die geringe Erfolgsaussichten haben und nur geringe Renditen erwirtschaften. Die empfohlene Strategie ist oft, diese Produkte aus dem Portfolio zu entfernen oder zu verkaufen, da sie Ressourcen binden, die anderswo besser eingesetzt werden können.

4.4.6. Datentools

Daten, Daten, Daten ... oder frei nach der Aussage des Datenwissenschaftlers Clive Humby[18] "Data is the new oil (dt. Daten sind das neue Öl)". Daten sind die Basis für Analyse, Innovation und wirtschaftliches Wachstum und heute vergleichbar mit dem Öl im Industriezeitalter.

Eine datengetriebene Sortimentsanalyse ermöglicht Händlern, ihr Sortiment gezielt an die Bedürfnisse der Kunden, die Marktentwicklung und die betriebswirtschaftlichen Anforderungen zu lenken. Durch moderne Analysetools mit KI-gestützte Auswertungen und Prognosen können Entscheidungen zeitnah (schneller), datenbasiert und präziser getroffen werden, was im heutigen wettbewerbsintensiven und volatilen Handel ein klarer Vorteil ist.

Daher ist die Sortimentsoptimierung ein datengetriebener Prozess, der moderne analytische Methoden wie ABC-Analysen, XYZ-Analysen, Controlling, Category Management und Portfolio-Analysen nutzt, um das Produktangebot gezielt an den Markt anzupassen und laufend neu auszurichten.

Unterstützt durch Tools kann der Handel schnell reagieren, Lagerbestände wirtschaftlich verwalten und den Erfolg des Sortiments langfristig sichern. Notwendige Daten finden Sie in nachfolgend genannten Datenquellen:

Enterprise Resource Planning Systeme (ERP)

- Verwaltung von Beständen, Verkaufszahlen und Warenströmen.

---

[18] Vgl: URL Clive Humby | Computer Science | The University of Sheffield, Universität Sheffield, Zugriff 23.12.2024, o.V..

- Vorteil: Zentrale Steuerung und Analyse von Echtzeitdaten zur besseren Planung des Einkaufs, des Lagers und des Absatzes.
- Beispiele: SAP, Microsoft Dynamics 365, Oracle usw.

Warenwirtschaftssysteme (WWS)

- Steuerung von Einkaufsprozessen, Lagerhaltung und Absatz/Vertrieb.
- Vorteil: Überblick über Produktverfügbarkeit, Lieferzeiten und Lagerbewegungen.
- Beispiele: Sage 100, SAP, Microsoft Dynamics 365, Oracle NetSuite usw.

Datenanalysetools

- Analyse von Verkaufsdaten, Kundenverhalten und Markttrends.
- Vorteil: Ermittlung von Kaufmustern, Preiselastizitäten und Saisontrends.
- Beispiele: Tableau, Microsoft Power BI, Google Analytics, Looker, QlikView usw.

Kundenbefragungen und Marktstudien

- Direkte Erhebung von Kundenpräferenzen und -wünschen.
- Vorteil: Zielgerichtete Anpassung an Kundenanforderungen und Trends.
- Beispiele: Allensbacher Markt- und Werbeträgeranalyse, Nielsen Global Consumer Survey, Online-Umfragen, Fokusgruppen Befragung, Kundenbefragung usw.

Prognosetools und KI-Software

- Einsatz von Künstlicher Intelligenz (KI) zur Vorhersage von Trends und Bedarfen.
- Vorteil: Automatisierte Optimierung von Bestellmengen und Sortimenten.

- Beispiele: SAS Forecasting, IBM SPSS Statistics, Microsoft Power BI, Tableau, Qualtrics CORE XM usw.

4.5. Produktlebenszyklus

Das Sortimentsmanagement steht, als integraler Bestandteil des Einzelhandels, vor der Aufgabe, das richtige Produktangebot zur richtigen Zeit und am richtigen Ort bereitzustellen. Durch den Wandel von Verbraucherverhalten und Technologien sind Einzelhändler gezwungen, innovative Strategien und Antworten zu entwickeln, um wettbewerbsfähig und rentabel zu bleiben. Eine Antwort liefert der Produktlebenszyklus.

Der Lebenszyklus beschreibt die Phasen, die ein Produkt von seiner Entwicklung bis zu seiner Marktrücknahme durchläuft. Er umfasst alle Stadien, in denen ein Produkt auf dem Markt existiert, und hilft Unternehmen, strategische Entscheidungen zu treffen, wie z. B. Marketingstrategien, Preissetzung und Einkaufsplanung.

Der Produktlebenszyklus ist nicht nur für Marketing- und Vertriebsstrategien von Bedeutung. Produzenten wie Handelsunternehmen nutzen diese Phasen, um Entscheidungen zur Weiterentwicklung oder Auslistung von Produkten zu treffen.

Der Produktlebenszyklus (PLZ) wird üblicherweise in die fünf Phasen unterteilt:

Einführungsphase I

- In dieser Phase wird das Produkt erstmals auf den Markt gebracht. Es gibt oft hohe Marketing- und Produktionskosten, aber niedrige Verkaufszahlen, da das Produkt noch unbekannt ist. Das Ziel ist es, das Produkt bekannt zu machen und erste Kunden zu gewinnen. Unternehmen investieren stark in Werbung und Vertriebskanäle.

- Herausforderungen: Hohe Kosten, geringe Rentabilität und die Notwendigkeit, das Produkt von Konkurrenzangeboten abzuheben. Es ist ein neuartiges Produkt für das anfängliche Marketinganstrengungen mit hohen Einführungskosten und geringen Umsätzen notwendig sind, während die Markenbekanntheit aufgebaut wird.

Wachstumsphase II

- Das Produkt gewinnt an Popularität und der Absatz steigt deutlich. Die Kundenakzeptanz wächst, und das Produkt wird zunehmend in den Markt integriert. Umsatzsteigerung und Erweiterung der Marktanteile als Ziele. Unternehmen optimieren ihre Produktionsprozesse und erweitern ihre Marketingmaßnahmen
- Herausforderungen: Zunehmende Konkurrenz, die ähnliche Produkte einführt, und das Bedürfnis, sich weiterhin durch Qualität und Innovation abzuheben. Steigende Verkaufszahlen und eine wachsende Kundenbasis leiten den Handel zur Ausweitung des Sortiments und Intensivierung der Werbung.

Reifephase III

- Das Produkt hat seinen höchsten Marktanteil erreicht, und das Wachstum verlangsamt sich. Der Markt ist gesättigt, und die meisten potenziellen Kunden haben das Produkt bereits gekauft. In dieser Phase liegen Ziel und Fokus auf der Maximierung des Gewinns und der Differenzierung von Wettbewerbern. Preissenkungen und Promotionsaktionen werden häufig eingesetzt, um den Absatz zu steigern.

- Herausforderungen: Starke Wettbewerbsintensität und die Notwendigkeit, den Produktlebenszyklus zu verlängern, z. B. durch Produktmodifikationen oder neue Zielgruppen.

Sättigungsphase IV

- Der Markt ist nahezu gesättigt, und das Produkt ist weitgehend etabliert. Der Umsatz stagniert oder sinkt leicht, da der Markt keine wesentlichen Wachstumsimpulse mehr bietet. In dieser Phase konzentriert sich das Unternehmen darauf, Kosten zu optimieren und sich im Preiswettbewerb zu behaupten. Innovationen oder Produktdiversifikationen sind gängig, um den Umsatz zu stabilisieren.
- Herausforderungen: Der Wettbewerb ist intensiver und es wird schwieriger, sich mit ähnlichen Produkten zu differenzieren. Die Sättigung des Marktes tritt ein, stabilisierte Verkaufszahlen, zunehmender Wettbewerb, welcher die Gewinnmargen reduziert. Häufig begleitet mit Werbung und Rabattaktionen.

Degeneration (Rückgang) V

- Der Absatz sinkt, da entweder neue und innovativere Produkte auf den Markt kommen oder das Produkt durch technologische Veränderungen oder veränderte Konsumgewohnheiten irrelevant wird. Unternehmen müssen entscheiden, ob sie das Produkt vom Markt nehmen, weiter pflegen oder durch Preissenkungen Liquidität sichern.
- Herausforderungen: Verlust von Marktanteilen und Rückgang der Rentabilität. Unternehmen müssen entscheiden, ob sie das Produkt weiterentwickeln, ersetzen oder vom Markt nehmen. Abnehmendes Interesse der Verbraucher spiegelt sich in rückläufigen Verkaufszahlen. Händler reduzieren die Bestände und beginnen die Einführung von Nachfolgeprodukten oder Produktvarianten.

Die Lebenszyklus-Analyse betrachtet somit das Produkt oder das dazugehörige Sortiment von der Produkteinführung bis zum Marktaustritt.

- Er durchläuft die Phasen einer I. Einführung → II. Wachstum → III. Reife → IV. Sättigung -→ V. Degeneration (Rückzug).

Der Produktlebenszyklus bietet damit eine grundlegende Struktur zur Analyse (wo?) und Steuerung (wohin?) von Produkten während ihres gesamten Daseins[19].

Phasen	I	II	III	IV	V
Produkt-lebens-zyklus	**Einfüh-rung**	**Wachs-tum**	**Reife**	**Sättigung**	**Degene-ration**
Umsatz	Gering und an-steigend	Mittel, aber stark an-steigend	Höchster Umsatz-verlauf	Noch hoch, aber rückläufig	Mittel, aber wei-ter abfal-lend
Gewinn	Verlust	Schnell und stark anstei-gend	Stabil und gut	Abfallend	Fallend und Übergang in Verlust
Gewinn-rate: Um-satz - Ge-winn	Anstei-gend und positiv	Maximale Ausprä-gung, stabil	Abfallend aber mo-derat po-sitiv	Übergang zum Ver-lust	Hohe Verluste

Tabelle 3: Produktlebenszyklus und Gewinn

Der Produktlebenszyklus im Einzelhandel wird von zahlreichen Faktoren beeinflusst, die den Verlauf und die Dauer der einzelnen Phasen bestimmen. Das verdeutlicht, wie komplex und

---

[19] Vgl.: URL https://www.business-wissen.de/hb/kritische-phasen-im-pro-duktlebenszyklus/, J. Fleig, Business-wissen, Zugriff 28.12.2024.

vielfältig die Einflüsse auf den Produktlebenszyklus im Einzelhandel sein können[20]. Unternehmen müssen diese Einflüsse und Aspekte sorgfältig analysieren und strategisch darauf reagieren, um den Erfolg ihrer Produkte zu maximieren.

Im Nachfolgenden finden Sie die wichtigsten Einflussfaktoren:

- Marktnachfrage: Die Nachfrage nach einem Produkt beeinflusst maßgeblich dessen Lebenszyklus. Ein hoher Bedarf kann die Wachstumsphase verlängern, während eine geringe Nachfrage zu einem schnellen Rückgang führen kann.

- Wettbewerb: Die Anzahl und Stärke der Wettbewerber auf dem Markt können den Lebenszyklus eines Produkts verkürzen oder verlängern. Intensive Konkurrenz kann zu einem schnelleren Marktaustritt führen. Gleichfalls die Geschwindigkeit, in welcher der Marktbegleiter vergleichbare Produkte liefern kann.

- Technologische Entwicklungen: Innovationen und technologische Fortschritte können bestehende Produkte schnell veralten lassen. Unternehmen müssen daher kontinuierlich in Forschung und Entwicklung investieren, um wettbewerbsfähig zu bleiben.

- Marketingstrategien: Effektive Marketing- und Werbemaßnahmen können die Bekanntheit und Akzeptanz eines Produkts steigern und somit dessen Lebenszyklus und -phasen verlängern.

- Kundenpräferenzen: Veränderungen in den Vorlieben und Bedürfnissen der Kunden können den Lebenszyklus eines Produkts beeinflussen. Produkte, die sich an aktuelle

---

[20] Vgl.: URL https://link.springer.com/chapter/10.1007/978-3-658-24330-2_2, Der Produktlebenszyklus und seine Determinanten, Springer Nature, J. Jacobs, Zugriff 28.12.2024.

Trends und Kundenwünsche anpassen (wandlungsfähig sind), haben eine längere Lebensdauer.

- Preisgestaltung: Die Preisstrategie spielt eine entscheidende Rolle. Ein wettbewerbsfähiger Preis kann die Nachfrage steigern, während ein zu hoher Preis potenzielle Kunden abschrecken kann.

- Regulierung und Gesetzgebung: Gesetzliche Vorgaben und Regulierungen können den Lebenszyklus eines Produkts beeinflussen, insbesondere wenn neue Vorschriften eingeführt werden, die die Produktion oder den Verkauf einschränken.

4.6. Beispiel lokaler Einkaufsmarkt

Betrachten wir als einfaches Beispiel einen lokal gelegenen Einkaufsmarkt auch als Supermarkt bezeichnet. An den nachfolgenden Ausführungen lassen sich die bisherigen Ausführungen aus den Kapiteln zwei bis vier veranschaulichen.

Der Supermarkt in der Nachbarschaft vereint Bequemlichkeit, Nähe und Kundenservice, um den täglichen Bedarf der Anwohner zu decken. Er ist inhabergeführt von der Familie A in zweiter Generation. Mit einem auf die Zielgruppe abgestimmten Sortiment, flexiblen Öffnungszeiten und modernen Dienstleistungen ist er ein wichtiger Bestandteil der Nahversorgung und fördert die Lebensqualität im Wohngebiet.

Der Supermarkt bietet Grundnahrungsmittel als Kernsortiment an und ergänzt dieses durch Bio-Produkte und vegane Artikel. Er ist Nahversorger und hat sein Sortiment auf seine Kunden/Kundschaft angepasst.

Seine Zielgruppe sind Anwohner, Familien, Senioren und Berufspendler. Er verfügt über einen hohen Anteil an regelmäßigen Kunden (Stammkunden), die kurze Wege und persönliche Atmosphäre schätzen.

Der Supermarkt hat eine zentrale Lage. Er befindet sich im Wohngebiet, fußläufig erreichbar und bietet Parkmöglichkeiten für Autos und Fahrräder für eine bequeme und sichere Anreise. Weiterhin besteht der öffentliche Nahverkehr mit guter Anbindung an Bus- oder Bahnlinien für Kunden ohne Auto.

Der Supermarkt ist barrierefrei. Der leichte Zugang für ältere Menschen, Familien mit Kinderwagen und mobilitätseingeschränkte Personen ist gegeben.

Seine Preisgestaltung ist moderat. Er orientiert sich an Vergleichspreisen der Discounter, kombiniert mit höherer Produktqualität und Frische. Angebote und Aktionen wie bspw. wöchentliche Rabattaktionen und Treueprogramme zur Kundenbindung erfreuen und binden die Kunden.

In den Sortimentsarten verfügt er über ein breites Angebot.

- Breites Basissortiment: Fokus auf Produkte des täglichen Bedarfs, wie Lebensmittel, Getränke und Haushaltswaren.
- Frischeprodukte: Angebot von Obst, Gemüse, Fleisch, Fisch, Backwaren und Milchprodukten.
- Ergänzungssortiment: Kleine Auswahl an Drogerieartikeln, Hygieneprodukten und Schreibwaren.
- Regionale Produkte: Häufige Integration von lokalen Erzeugnissen (z. B. Bio-Produkte, Spezialitäten).
- Saisonartikel: Zeitlich begrenzte Angebote für Feiertage oder saisonale Aktivitäten.

Wettbewerbsdifferenzierung

- Durch spezielle Produktangebote hebt sich der Supermarkt von der Konkurrenz ab.

- Beispiel: Premium-Produkte oder Eigenmarken bieten Alleinstellungsmerkmale.

Umsatz- und Ertragssteigerung

- Vielfältige Sortimente fördern den Umsatz, z. B. durch Impulskäufe oder Zusatzverkäufe.

- Beispiel: Verkaufsfördernde Warenplatzierung (z. B. Getränke in der Kassenzone) stimuliert Spontankäufe sowie temporäre Aktionsware.

Flexibilität und Anpassungsfähigkeit

- Das Sortiment wird laufend an Markttrends und saisonale Nachfragen angepasst.

- Beispiel: Saisonale Sortimente wie Weihnachtsdekoration oder Osterartikel werden zeitlich begrenzt angeboten.

Kundenbindung und Markentreue

- Ein abgestimmtes Sortiment schafft Vertrauen und stärkt die Bindung der Kunden.

- Beispiel: Treueprogramme des Supermarkts sorgen für regelmäßige Kundenbesuche.

Risikoverteilung

- Eine breite Auswahl an Produktkategorien verteilt das Risiko, falls einzelne Artikel nicht gut verkauft werden.

- Beispiel: Der Supermarkt bieten neben Lebensmitteln auch Haushaltswaren und Dekoration an, um Umsatzschwankungen auszugleichen.

Nachhaltigkeit und Trends werden vom Supermarkt wie folgt in der Praxis umgesetzt:

- Umweltfreundliche Konzepte: Angebot von Mehrwegverpackungen, plastikfreien Produkten und Recyclingmöglichkeiten.

- Bio- und Fairtrade-Produkte: Integration nachhaltiger Artikel zur Erfüllung moderner Verbraucherwünsche.
- Regionalität: Stärkung lokaler Produzenten und Vermarktung saisonaler Erzeugnisse mit Einbindung lokaler landwirtschaftlicher Erzeuger.

Auch in der Technik und Digitalisierung nutzt der Supermarkt den Einsatz von Apps für Angebote, mobile Zahlungsmöglichkeiten und digitale Coupons.

Die Öffnungszeiten sind an die Bedürfnisse der Kunden angepasst. So hält der Markt flexible Zeiten vor z. B. von früh morgens bis spät abends, um Berufstätigen entgegenzukommen. Weiterhin hat er zeitweise sonntags für den Verkauf von frischen Backwaren geöffnet.

In der Serviceorientierung legt der Markt Wert auf persönlichen Kundenservice. Der direkte Kontakt zu den Kunden, individuelle Beratung und Hilfestellung ist ihm wichtig.

Zusätzliche Dienstleistungen sind wie folgt gegeben:

- Bäckerei oder Café: Kleine Sitzbereiche zum Verweilen.
- Post- oder Paketstation: Annahme und Abgabe von Sendungen.
- Geldautomaten oder Lottoannahmestellen: Zusätzliche Anreize für Besuche.
- Lieferdienste: Lieferung nach Hause für ältere Menschen oder Vielbeschäftigte.
- Selbstbedienungskassen: Schnellere Abwicklung für Kunden mit wenigen Artikeln.

Als Einkaufsmarkt präsentiert sich der Supermarkt in den Punkten Atmosphäre und Gestaltung wie folgt:

- Übersichtliches Layout: Kompakte Verkaufsflächen (ca. 1.500 m²) für schnelles Einkaufen.

- Einladendes Design: Freundliche Farben, angenehme Beleuchtung und Sauberkeit schaffen ein Wohlfühlambiente.
- Regionaler Bezug: Dekoration und Produktpräsentation oft an lokale Besonderheiten angepasst.

5.   Lager- und Bestandsmanagement

5.1. Funktionen

Der Warenbestand eines Handelsunternehmens verzeichnet alle physischen Produkte und Bestände des Unternehmens, einschließlich möglicher Rohstoffe, Zwischenprodukte und Endprodukte. Der Warenbestand wird aktiv gemanagt, um einen optimalen Bestand im Warenlager und auf der Verkaufsfläche des Unternehmens zu gewährleisten. Gleichfalls wird auf der Beschaffungsseite die Versorgung über Lieferketten prognostiziert und sichergestellt (Nachschub). Das Lager- und Bestandsmanagement dient der Organisation der Warenverfügbarkeit und Bestandsführung zur Vermeidung von Engpässen (Fehlbestand) oder Überbeständen. Für Handelsunternehmen ist es von zentraler Bedeutung, um einen reibungslosen Warenfluss zu gewährleisten.

Das Management des Nachschublagers und der Bestände auf der Verkaufsfläche ist von entscheidender Bedeutung, da es direkt die Kundenzufriedenheit und den Umsatz im Geschäft beeinflusst. Die Hauptgründe sind:

- Sicherstellung der Produktverfügbarkeit: Ein korrektes Bestandsmanagement stellt sicher, dass die gewünschten Produkte jederzeit verfügbar sind.
- Kostenkontrolle: Durch die Optimierung der Lagerbestände können Lagerhaltungskosten reduziert und Kapitalbindung minimiert werden.
- Reduzierung von Überbeständen: Das Bestandsmanagement hilft, Überbestände zu vermeiden, die zu hohen Lagerkosten und möglichen Abschreibungen führen.

- Kundenzufriedenheit: Durch die Sicherstellung der Produktverfügbarkeit wird die Kundenzufriedenheit erhöht.
- Flexibilität und Anpassungsfähigkeit: Ein Bestandsmanagement sollte flexibel möglich sein, um schnell auf Marktveränderungen und Kundenbedürfnisse zu reagieren.

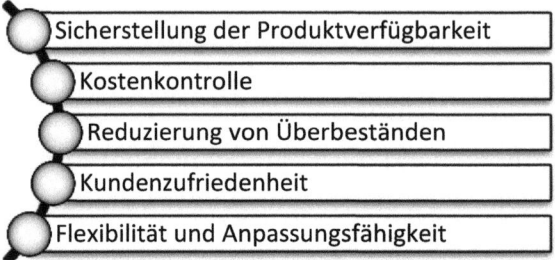

Abbildung 22: Bestandsfunktionen

Die wirtschaftliche Verwaltung des Inventars, des Regalbestands und der Lagerbestände ist ein komplexer, aber entscheidender Aspekt im Retail Management. Durch die Anwendung bewährter Strategien und die Integration modernster Technologien können Händler Kosten optimieren.

Das Bestandsmanagement gewährleistet den reibungslosen Warenfluss und die Verfügbarkeit der Produkte und maximiert somit die Kundenzufriedenheit. Auf der anderen Seite der Betriebswirtschaft kann das Bestandsmanagement Überbestände verursachen und letztendlich unverkäufliche Ware am Lager halten, welche das Unternehmen in der Bilanz abschreiben wird.

Um ein effektives Lager- und Bestandsmanagement durchzuführen, werden folgende Aspekte und Prozesse in die Planung und Durchführung einbezogen:

- Bedarfsplanung: Handelsunternehmen müssen den zukünftigen Bedarf an Waren genau prognostizieren (Prognose), um Überbestände und Engpässe zu vermeiden. Dies erfolgt oft durch die Analyse von Verkaufsdaten und Berücksichtigung saisonaler Trends.

- Bestellmanagement: Die Bestellmengen und -intervalle müssen optimal festgelegt werden, um die Lagerkosten zu minimieren und gleichzeitig die Verfügbarkeit der Produkte sicherzustellen. Hierbei helfen moderne ERP-Systeme, Losgrößen und automatisierte Bestellprozesse.

- Lagerhaltung: Lagerhaltung und Lagerverwaltung sind entscheidend, um das Lager zu managen und die im Warenbestand bedingte Kapitalbindung (working capital).

  Außerdem sind die Lagerkosten durch optimale Nutzung des Lagerraums zu senken. Inhaltlich umfasst es die Belegung und Organisation der Lagerplätze, die Verwaltung der Lagerbestände pro Produkt und die Implementierung von Lagertechnologien wie Barcode-Scannern und automatisierten Lagersystemen (Rollenbahnen, Hochregallager, Lagerbediengeräte).

- Bestandskontrolle: Regelmäßige Inventuren und die Überwachung der Lagerkennzahlen sind notwendig, um den aktuellen Lagerbestand zu bewerten und Abweichungen von definierten Zielwerten frühzeitig zu erkennen. Dies hilft, die Bestandsgenauigkeit zu verbessern und Verluste zu minimieren.

- Lieferantenmanagement: Eine enge Zusammenarbeit mit Lieferanten ist wichtig, um die Lieferzeiten zu verkürzen und die Zuverlässigkeit der Versorgung zu erhöhen. Dies kann durch Verträge und den engen Austausch von Prognosedaten erreicht werden.

5.2. Ziele

Das Bestandsmanagement zielt darauf ab, die Balance zwischen hoher Verfügbarkeit und niedrigen Kosten zu erreichen. Das Ziel ist die Servicebereitschaft mit optimaler Bestandshöhe. Die Zielerreichung trägt wesentlich zur Kosteneffizienz, Kundenzufriedenheit und Wettbewerbsfähigkeit des Unternehmens bei. Die Aufgabe lautet daher, den Lagerbestand entsprechend zu tarieren, dass er der Kundennachfrage gerecht wird, ohne übermäßige Lagerkosten oder Fehlmengen zu verursachen.

Im Folgenden werden die Ziele und Unterziele detailliert dargestellt.

Sicherstellung der Lieferfähigkeit

- Verfügbarkeit: Alle benötigten Materialien, Waren oder Ersatzteile müssen rechtzeitig und in ausreichender Menge verfügbar sein.
- Kundenzufriedenheit: Durch eine hohe Lieferbereitschaft wird die Erfüllung von Kundenaufträgen sichergestellt.
- Minimierung von Fehlmengen: Lieferengpässe müssen vermieden werden.

Kostenoptimierung

- Lagerkosten senken: Reduzierung von Lagerhaltungskosten, wie Miete, Energie, Personal und Versicherungen.
- Kapitalbindung reduzieren: Verringerung des in den Beständen gebundenen Kapitals, um finanzielle Mittel für andere Zwecke freizusetzen.
- Bestellkosten minimieren: Optimierung von Bestellmengen, um häufige Bestellungen mit hohen Transaktionskosten (Bestellabwicklungs- und Lieferkosten) zu vermeiden.

Bestandskontrolle und Transparenz

- Bestandsüberwachung: Permanente Kontrolle und Analyse der Bestandsdaten, um genaue Bestände zu kennen und Über- oder Unterbestände zu vermeiden.
- Vermeidung von Schwund, Diebstahl oder Verderb: Überwachung der Lagerung, Waren und Warenpräsentation und Sicherung der Waren, um Verluste durch Diebstahl, Verderb oder Überalterung zu vermeiden.

Flexibilität und Anpassungsfähigkeit

- Bedarfsgerechte Anpassung: Reaktion auf Marktschwankungen, Trends oder saisonale Schwankungen.
- Just-in-Time-Lieferungen: Minimierung der Lagerhaltung durch bedarfsgerechte Lieferung (Abrufmengen) von Produkten in das Handelsgeschäft.

Sicherstellung der Lieferfähigkeit • Verfügbarkeit • Kundenzufriedenheit • Minimierung von Fehlmengen	Kostenoptimierung • Lagerkosten senken • Kapitalbindung reduzieren • Bestellkosten minimieren
Bestandskontrolle und Transparenz • Bestandsüberwachung • Vermeidung von Schwund, Diebstahl oder Verderb	Flexibilität und Anpassungsfähigkeit • Bedarfsgerechte Anpassung • Just-in-Time-Lieferungen

Abbildung 23: Materialverfügbarkeitsziele

5.3. Strategien

Lagerstrategien regeln die interne Organisation der Waren innerhalb eines Lagers. Logistikstrategien steuern die übergreifende Bewegung der Waren entlang der gesamten Lieferkette. Beide Strategien müssen aufeinander abgestimmt sein, um Effizienz, Kosteneinsparungen und Kundenzufriedenheit zu maximieren.

Lager- und Logistikstrategien umfassen die Planung, Steuerung und Optimierung des Material- und Informationsflusses entlang der gesamten Lieferkette. Sie beziehen sich auf den Transport, die Lagerung und die Distribution von Waren.

Zu den wichtigsten Lager- und Logistikstrategien im Handel gehören:

First In – First Out (FIFO):

- Ältere Bestände werden zuerst verkauft. Die Strategie ist geeignet für verderbliche Waren, Produkte mit Haltbarkeitsdatum oder Schnelldreher.

- Ein Lebensmittelhändler nutzt die FIFO-Lagerstrategie, um die Frische seiner Produkte im Regal sicherzustellen, während er gleichzeitig eine Just-in-Time-Logistikstrategie anwendet, um Lagerbestände niedrig zu halten und um den Verderb zu vermeiden.

Lagerplatzoptimierung:

- Die effiziente Nutzung des Lagerraums durch intelligente Lagerplatzoptimierung wirkt senkend auf die Lagerkosten (Lagerplätze).

Sicherheitsbestände:

- Ein gewisser Sicherheitsbestand wird beibehalten, um unvorhergesehene Nachfrageschwankungen oder Lieferverzögerungen auszugleichen.

Just-in-Time (JIT):

- Materialien werden genau zum Produktions- oder Verkaufszeitpunkt geliefert. Diese Strategie zielt darauf ab, Bestände auf ein Minimum zu reduzieren. Der Vorteil liegt in den geringen Lagerkosten und geringem Sicherheitsbestand.

Multi-Channel-Logistik:

- Parallel bedient der Händler sowohl stationäre Geschäfte als auch Online-Kanäle. Als technische Herausforderung ist hierzu die Integration der IT-Systeme zu sehen.

Dropshipping (Streckengeschäft oder Direktversand):

- Dropshipping ist ein Geschäftsmodell, bei dem der Händler keine eigenen Lagerbestände führt. Stattdessen bestellt er die Ware beim Hersteller oder Großhändler, der diese dann an den Endkunden liefert. Der Händler übernimmt dabei nur den Verkauf und die Kundenkommunikation, ohne selbst logistische Prozesse abzuwickeln. Das Handelsgeschäft erfolgt ohne Zwischenlagerung, was ideal für E-Commerce Unternehmen mit Marktplattformen ist.

5.4. Herausforderungen

Das Lager- und Bestandsmanagement steht somit im Spannungsfeld zwischen fehlender Ware und zu viel Ware. Fehlende

Ware führt zu verlorenem Umsatz und Überbestand zu Kapitalbindung und Lagerkosten.

- Auf den Lagerbestand haben unterschiedlichste Vorfälle
Einflüsse, wie beispielsweise Bestandsungenauigkeit, Diebstahl, defekte Waren, Nachfragepeaks aus Werbung, Liefer-
ausfall, Lieferverzug, regulatorische Risiken usw.

Auf einige der Einflüsse besitzt das Unternehmen nur geringen
Einfluss und Handhabung. Allerdings kann das Unternehmen
durch genaue Prognosen und Bestandsüberwachung Lieferengpässe und Umsatzverluste minimieren und somit Unzufrieden-
heit (Fehlmengen) vermeiden. Basis der genauen Prognosen
sind Daten, Daten, Daten (vgl. Kapitel 4.4.6).

- Datenanalyse: Die Analyse großer Datenmengen ermöglicht
präzise Vorhersagen und eine bessere Anpassung an Kundenpräferenzen.

- Richtig oder falsch, das birgt enorme Vorteile, jedoch auch
erhebliche Risiken und Herausforderungen. Um diesen zu
begegnen, ist eine Kombination aus präziser Planung, digitaler Daten, Daten- und Prognosetools erforderlich. Unternehmen, die frühzeitig in vernetzte Technologien investieren, stärken ihre Wettbewerbsposition und Resilienz gegenüber Störungen.

Diese Datenanalyse muss erweitert werden um planbare Einflüsse aus Schwankungen der Nachfrage und saisonale Effekte
berücksichtigen zu können.

- Nachfrageschwankungen: Unvorhersehbare Schwankungen in der Kundennachfrage stellen eine der größten Herausforderungen dar und erfordern präzise Prognosen.

- Saisonale Einflüsse: Saisonal bedingte Nachfrageänderungen erfordern eine flexible Anpassung des Inventarmanage-
ments.

6. Beschaffungsmanagement

Inhaltlich befasst sich das Beschaffungsmanagement im Handel mit der Planung und Organisation der Warenbeschaffung und der Steuerung der Warenströme vom Lieferanten bis zur Auslieferung an den Verkaufsort oder Kunden.

Das Beschaffungsmanagement umfasst sämtliche Aktivitäten, die darauf abzielen, die benötigten Waren in der richtigen Menge, Qualität und zum richtigen Zeitpunkt zu beschaffen. Das Beschaffungsmanagement ist ein Schlüsselfaktor für den Erfolg im Handel und Großhandel. Es sorgt nicht nur für die Versorgung mit Waren, sondern trägt wesentlich zur Kostenoptimierung, Qualitätssicherung und Kundenzufriedenheit bei.

Da sich der Handel ständig im Wandel befindet, geprägt durch technologische Fortschritte, sich verändernde Kundenpräferenzen und keine eigene Produktion besitzt, wird die zentrale Rolle der Beschaffung sowie der zunehmende Einfluss globaler Beschaffungsmärkte hervorgehoben.

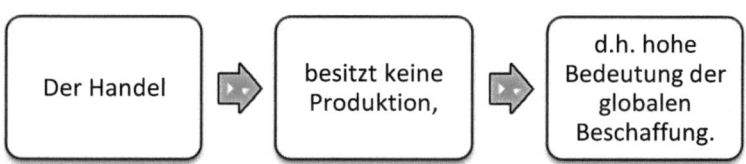

Abbildung 24: Handel und Produktion

6.1. Wareneinsatz

Das Beschaffungsmanagement ist ein Schlüsselfaktor für den Erfolg im Handel, denn es trägt wesentlich zur Kostensenkung bei. Ein geschickt verhandelndes Beschaffungsmanagement ermöglicht es Unternehmen, ihre Wettbewerbsfähigkeit nachhaltig zu stärken. Die Wareneinsatzquote spielt im Handel eine zentrale Rolle, da sie die Rentabilität und den Erfolg eines Un-

---

Der Merksatz des Kaufmanns „Im Einkauf liegt der Gewinn." verdeutlicht die zentrale Bedeutung des Einkaufs für den wirtschaftlichen Erfolg eines Unternehmens. Er weist darauf hin, dass der Gewinn nicht allein durch den Verkauf, sondern bereits durch kluge Entscheidungen beim Einkauf maßgeblich beeinflusst wird. Der Einkauf ist die erste Stufe der Wertschöpfungskette und legt die Grundlage für Kostenstrukturen, Produktqualität und Wettbewerbsfähigkeit.

---

ternehmens beeinflusst. Durch geschickte Verhandlungen und Auswahl der Lieferanten werden die Einkaufspreise und Beschaffungskosten gesenkt, was die Maximierung der Rentabilität ermöglicht. Der Wareneinsatz oder die Wareneinsatzquote bildet die Grundlage für die Kalkulation von Verkaufspreisen und die Analyse der Wirtschaftlichkeit.

$$Wareneinsatz = Anfangsbestand + Zugänge - Endbestand$$

Formel 3: Wareneinsatz

Hierbei steht der Anfangsbestand für den €-Wert der Waren, die zu Beginn des Zeitraums im Lager vorhanden sind, die Zugänge für den Wert der während des Zeitraums hinzugekommenen Waren, und der Endbestand für den Wert der am Ende des Zeitraums noch im Lager vorhandenen Waren.

Die Wareneinsatzquote zeigt den prozentualen Anteil des Wareneinsatzes am Umsatz.

$$Wareneinsatzquote = \frac{Wareneinsatz}{Umsatz} \; x \; 100$$

Formel 4: Wareneinsatzquote (%)

Diese sorgfältige Analyse und Optimierung der Wareneinsatzquote ermöglicht es Händlern, die Wirtschaftlichkeit zu steigern, Kosten zu senken und sich im Wettbewerb zu behaupten. Der Wareneinsatz umfasst die Kosten der Waren, die innerhalb eines bestimmten Zeitraums verkauft wurden. Er setzt sich zusammen aus:

- Einkaufspreis der Waren
- + Bezugskosten (z. B. Fracht, Zölle)
- + Nebenkosten (z. B. Verpackung, Versicherung)
- − eventuellen Einkaufsrabatten, Skonti und Rücksendungen

Auf der Basis des Wareneinsatzes wird der Rohertrag im Handel ermittelt. Der Rohertrag im Handel, auch als Bruttoertrag oder Handelsmarge bezeichnet, ist die Differenz zwischen den Umsatzerlösen und den Wareneinsatzkosten. Er gibt an, wie viel ein Unternehmen nach Abzug der Kosten für die eingekauften Waren verdient hat, bevor andere Betriebskosten wie Personal, Miete und Verwaltungskosten abgezogen werden.

Der Rohertrag ist ein wichtiger Indikator für die Rentabilität eines Unternehmens, da er zeigt, wie effizient ein Unternehmen seine Waren einkauft und verkauft. Ein hoher Rohertrag deutet darauf hin, dass das Unternehmen in der Lage ist, seine Waren zu einem höheren Preis zu verkaufen als die Kosten für den Einkauf, was zu höheren Gewinnen führt.

Er bestimmt, zu welchem Preis ein Produkt mindestens verkauft werden muss, um die Deckung der Kosten und einen Gewinn zu erzielen. Damit wird die Bedeutung des Rohertrags für den Handel deutlich. Diese zwei nachfolgenden Kennzahlen Rohertrag und Handelsspanne sind essenziell, um die Wirtschaftlichkeit des Geschäfts zu bewerten.

$$Rohertrag = Umsatz - Wareneinsatz$$

Formel 5: Rohertrag (€)

$$Handelsspanne\ (\%) = \frac{Rohertrag}{Umsatz} \times 100$$

Formel 6: Handelsspanne

Ein niedriger Wareneinsatz durch günstige Einkaufspreise und -bedingungen (z. B. Mengenrabatte) oder effiziente Prozesse (z. B. Just-in-Time-Lieferungen) verbessert die Marge und stärkt die Wettbewerbsfähigkeit des Handels.

Nachfolgend sind drei weitere wichtige Kennzahlen der Handeltätigkeit ausgeführt:

Die Umschlagshäufigkeit zeigt an, wie oft der Warenbestand im Jahr verkauft oder umgeschlagen wurde.

$$Umschlagshäufigkeit = \frac{Wareneinsatz}{durchschnittlichen\ Lagerbestand}$$

Formel 7: Umschlaghäufigkeit

Die Lagerdauer misst die durchschnittliche Lagerverweilzeit von Waren und gibt Hinweise auf die Dauer des gebundenen Kapitals im Lager und der Liquidität. In der Formel wird das Jahr mit 360 Tagen angesetzt.

$$Lagerdauer\ (Tage) = \frac{360}{Umschlagshäufigkeit}$$

Formel 8: Lagerdauer

Mit der Sichtung und Interpretation der Kennzahlen werden die damit verbundenen Herausforderungen sichtbar. Diese sind auf der Beschaffungs- und Versorgungsseite zu finden, wo Störungen eintreten können wie:

- Preissteigerungen bei Lieferanten: Führt zur Erhöhung des Wareneinsatzes und belastet die Margen. Handel kann mit Preissteigerungen gegenwirken.
- Fehlende Nachfrageprognosen: Führen zu Überbeständen oder Ausverkaufssituationen, aufgrund Unsicherheit im Warenabverkauf.
- Lieferkettenunterbrechungen: Erhöhen Kosten und erfordern flexible Beschaffungsstrategien. Es kann zu Fehlbeständen kommen oder zu Kostenerhöhungen im Transport.
- Konkurrenzdruck des Marktes oder des Mitbewerbers: Erfordert Preisanpassungen im Handel (bspw. Rabatte, Nachlässe) bei gleichzeitig notwendiger Kostensenkung zur Kompensation.

6.2. Aufgaben

Der Handel ist somit an einem aktiven Lieferantenmanagement und an Preisverhandlungen interessiert, denn die Auswahl und Pflege von Lieferantenbeziehungen fördert langfristige Kooperationen und sichert Preis- und Qualitätsvorteile. Gleichfalls werden durch geschicktes Verhandeln Einkaufskosten gesenkt und Margen erhöht. Zusätzlich werden durch Mengenoptimierung (große Einkaufsmengen) Skaleneffekte ermöglicht und günstigere Einkaufspreise erzielt sowie mittels Logistikkoordination effiziente Transport und Lagerhaltung organisiert, um logistische Kosten zu minimieren und Lieferzeiten zu verkürzen.

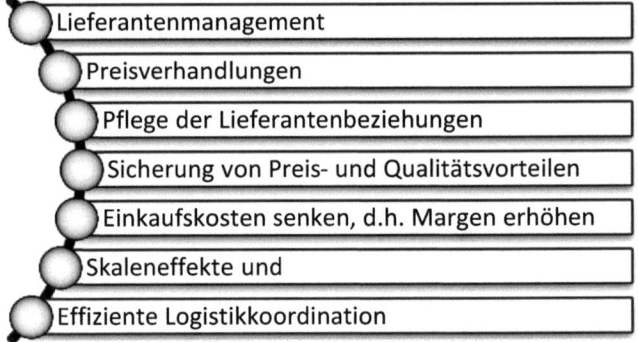

Lieferantenmanagement

Preisverhandlungen

Pflege der Lieferantenbeziehungen

Sicherung von Preis- und Qualitätsvorteilen

Einkaufskosten senken, d.h. Margen erhöhen

Skaleneffekte und

Effiziente Logistikkoordination

Abbildung 25: Steuerung des Wareneinsatz

Das Beschaffungsmanagement unterscheidet sich in strategische und operative Aufgaben.

Strategische Aufgaben im Beschaffungsmanagement:

- Lieferantenentwicklung, d.h. Partnerschaften mit Lieferanten werden ausgebaut, um Innovationen und Effizienzsteigerungen zu fördern.

- Lieferantenmanagement, d.h. Auswahl von Lieferanten durch Marktanalysen, Ausschreibungen und Verhandlungen. Aufbau langfristiger und stabiler Beziehungen zu Lieferanten. Bewertung und Entwicklung von Lieferanten zur Sicherung von Qualität und Zuverlässigkeit.
- Beschaffungsmarktforschung, d.h. globale Märkte werden beobachtet, um neue Bezugsquellen zu identifizieren. Beobachtung der Märkte, um Preisentwicklungen, neue Lieferquellen und Trends frühzeitig zu erkennen. Identifikation alternativer Bezugsquellen zur Risikominimierung (z. B. Dual oder Multi Sourcing).
- Nachhaltigkeit in der Beschaffung, d.h. umweltfreundliche und sozial verantwortliche Beschaffungsstrategien werden zunehmend wichtiger.
- Nachhaltigkeit und Risikomanagement, d.h. Integration von Umwelt- und Sozialstandards in die Beschaffungsstrategie.
- Risikomanagement in der Beschaffung und Lieferkette.
- Vertrags-, Preis- und Konditionsverhandlungen, d.h. Kostenmanagement und Budgetierung. Entwicklung von Strategien zur Kostensenkung durch Mengenrabatte, Rahmenverträge und Verhandlungsstärke. Optimierung von Bestellmengen und Reduzierung von Lagerkosten (JIT).
- Digitalisierung der Prozesse, d.h. Einführung von E-Procurement-Systemen und Automatisierung.

Operative Aufgaben im Beschaffungsmanagement, Disposition und Lagerlogistik:

- Bedarfsermittlung (Disposition): Ermittlung des aktuellen und zukünftigen Bedarfs an Materialien, Produkten oder Dienstleistungen. Festlegung, welche Mengen und Qualitäten zu welchem Zeitpunkt benötigt werden.

Unterscheidung in Primärbedarf (Endprodukte) und Sekundärbedarf (Materialien, Komponenten).

- Bestellung und -abwicklung (Beschaffung): Erstellung von Abrufen und Bestellungen. Überwachung von Lieferterminen und -mengen. Abstimmung mit Lieferanten über Lieferungen/-bedingungen.
- Wareneingangskontrolle (Lagerlogistik): Prüfung der gelieferten Waren auf Qualität, Menge und Unversehrtheit. Dokumentation von Abweichungen (z. B. Reklamationen).
- Lagerhaltung und Bestandskontrolle (Lagerlogistik): Sicherstellung der optimalen Lagerbestände zur Vermeidung von Überbeständen oder Engpässen. Kontrolle der Bestände mit Hilfe der Lagerverwaltungssysteme zur Nachverfolgung/-betrachtung von Beständen.
- Rechnungsprüfung und Zahlungsabwicklung (Beschaffung mit Buchhaltung): Kontrolle von Lieferantenrechnungen hinsichtlich des Preises, der Menge und der Zahlungsfristen. Einleitung von Zahlungen oder Gutschriften bei Mängeln.

Daraus ergeben sich folgende Herausforderungen im Beschaffungsmanagement:

- Digitalisierung: Einsatz von ERP-Systemen und KI zur Prozessoptimierung.
- Globalisierung: Umgang mit langen Lieferketten und internationalen Handelsbarrieren.
- Flexibilität: Schnelle Reaktion auf Marktveränderungen und Kundenwünsche.

6.3. Ziele

Ziele des Beschaffungsmanagements im Handel lassen sich wie folgt beschreiben:

Lieferantenmanagement:

- Der Auswahl und Pflege von Lieferanten kommt eine entscheidende Rolle zu.
- Sicherung der Produktverfügbarkeit, um Kundenbedürfnisse zu erfüllen.
- Effiziente Nutzung der finanziellen Ressourcen durch Optimierung der Bestandsführung.
- Aufbau und Pflege von langfristigen Lieferantenbeziehungen.

Risikominimierung:

- Risikominimierung erfordert eine umfassende Bewertung von Lieferanten, Diversifizierung der Lieferquellen und Notfallpläne.

Digitale Lieferketten und Vernetzung:

- Digitalisierte Lieferketten verbessern die Sichtbarkeit und Steuerung über den gesamten Beschaffungsprozess.
- Die Vernetzung von Lieferanten, Händlern und Logistikpartnern schafft Transparenz und Effizienz.

Nachhaltiges Beschaffungsmanagement:

- Integration nachhaltiger Praktiken zur Reduzierung ökologischer Auswirkungen und Reduzierung des ökologischen Fußabdrucks durch nachhaltige Beschaffungspraktiken (CO_2-Footprint).
- Umweltfreundliche Beschaffung, d.h. Integration von Umweltaspekten in Beschaffungsentscheidungen.

Soziale Verantwortung:

- Sicherstellung fairer Arbeitsbedingungen und ethischer Standards bei Lieferanten.
- Förderung oder Bevorzugung von Lieferanten, die soziale Verantwortung übernehmen.

6.4. Strategien

Das Beschaffungsmanagement versorgt das Unternehmen mit Waren und beachtet gleichzeitig die Wirtschaftlichkeit des Unternehmens. Seine Hauptaufgaben umfassen die Planung, Steuerung und Kontrolle aller Prozesse, die zur Beschaffung von Waren und Dienstleistungen erforderlich sind. Auch für den Großhandel ist das Beschaffungsmanagement wichtig. Das Beschaffungsmanagement steht fachspezifisch vor denselben Herausforderungen wie das Handelsgeschäft.

- Als hauptsächliche Herausforderungen können die Unsicherheiten in globalen Lieferketten, die Schwankungen in der Nachfrage und der technologische Umbruch und Komplexität angesehen werden.
- Aber jede Herausforderung bringt auch Chancen mit sich. Als Chancen kann die Nutzung von Big Data und Künstliche Intelligenz für genauere Prognosen angesehen werden. Die Integration von Nachhaltigkeitspraktiken in Beschaffungsstrategien eröffnet zugleich neue Chancen, insbesondere durch die Erschließung alternativer Lieferantenmärkte und der Erhaltung des Planeten als Lebensraum.

Beschaffungsstrategien sind langfristige Pläne, die vom Handel oder Einzelhandel entwickelt werden, um Waren zu beschaffen, Lagerbestände zu planen und Lieferketten effizient zu gestalten. Wie bereits mehrfach ausgeführt, beeinflussen sie direkt die Wettbewerbsfähigkeit und Rentabilität des Unternehmens.

Abbildung 26: Unsicherheiten und Chancen

Wegen der im Voraus skizzierten Herausforderungen müssen Beschaffungsstrategien flexibel und anpassungsfähig sein, um diesen Herausforderungen gerecht zu werden, denn es sind die Versorgung sicherzustellen, Kosten zu optimieren und Wettbewerbsvorteile zu erzielen.

Die Wahl der richtigen Beschaffungsstrategie hängt von den Unternehmenszielen, der Marktsituation und den Kundenanforderungen ab. Während globale Beschaffung oft kostengünstig ist, bieten lokale Ansätze Flexibilität und Nachhaltigkeit. Zudem ermöglichen digitale Systeme eine effizientere Steuerung und Transparenz der Prozesse.

Die möglichen Strategien lassen sich in vielseitige Ansätze unterteilen. Unternehmen im Handel müssen vorrangig flexibel bleiben und eine Kombination aus verschiedenen Strategien anwenden, um wettbewerbsfähig und anpassungsfähig zu bleiben.

6.4.1. Lieferantenstruktur

Single Sourcing:

- Bezug eines Produkts von nur einem Lieferanten.
  Vorteile: Starke Partnerschaften und langfristige Verträge.
  Bessere Verhandlungsposition und Rabatte.
  Nachteile: Hohe Abhängigkeit von einem Lieferanten. Risiko
  bei Lieferausfällen oder Qualitätsproblemen.

Dual Sourcing:

- Bezug eines Produkts von zwei Lieferanten zur Risikostreuung.
  Vorteile: Geringere Abhängigkeit von einem Lieferanten. Erhöhte Flexibilität bei Engpässen oder Preisschwankungen.
  Nachteile: Erhöhter Verwaltungsaufwand durch zwei Bezugsquellen. Potenzielle Mehrkosten bei kleineren Bestellmengen.

Multiple Sourcing:

- Bezug eines Produkts von mehreren Lieferanten.
  Vorteile: Hohe Flexibilität und Ausfallsicherheit. Wettbewerb zwischen Lieferanten kann zu besseren Preisen führen.
  Nachteile: Schwierige Koordination und Qualitätskontrolle.
  Möglicher Verlust von Mengenrabatten.

Mengeneffekte (economies of scale)

- Durch den Masseneinkauf von Waren versuchen Einzelhändler, Kostenvorteile zu erzielen.
  Vorteile: Niedrigere Stückkosten bei großen Bestellmengen, aber Risiko hoher Lagerkosten und Überbestände.

6.4.2. Geografischer Ausrichtung

Lokale Beschaffung (Local Sourcing)

- Beschaffung bei Lieferanten aus der Nähe oder der Region.
  Vorteile: Kürzere Lieferzeiten und geringere Transportkosten. Förderung regionaler Wirtschaft und Nachhaltigkeit.
  Nachteile: Höhere Preise im Vergleich zu internationalen Anbietern. Geringere Auswahl an Lieferanten und Produkten.

Globale Beschaffung (Global Sourcing)

- Einkauf auf globalen und internationalen Märkten zur Kostenoptimierung.
  Vorteile: Zugang zu günstigeren Preisen und spezialisierten Lieferanten. Nutzung globaler Wettbewerbsvorteile.
  Nachteile: Höhere Transportkosten und längere Lieferzeiten. Politische und wirtschaftliche Risiken (z. B. Zölle, Währungsrisiken, Kriege).

Beschaffung in geographisch naheliegenden Ländern (Nearshoring)

- Verlagerung der Beschaffung in geografisch nahe Länder.
  Vorteile: Günstiger als lokale Beschaffung, aber flexibler als globales Sourcing. Kürzere Transportwege als beim Global Sourcing.
  Nachteile: Eingeschränkte Lieferantenwahl im Vergleich zu globalen Märkten.

6.4.3. Bedarfsorientierung

Vorratsbeschaffung (Stock Sourcing)

- Aufbau von Lagerbeständen zur Sicherung der Lieferfähigkeit.
  Vorteile: Schutz vor Lieferengpässen oder Preisschwankungen. Möglichkeit, große Mengen zu rabattierten Preisen einzukaufen.
  Nachteile: Hohe Lagerkosten und Kapitalbindung. Risiko von Überbeständen oder veralteten Produkten.

Just-in-Time-Beschaffung (JIT)

- Lieferung genau zum Zeitpunkt des Bedarfs ohne Lagerhaltung.
  Vorteile: Geringere Lagerkosten und Kapitalbindung. Effizientere Prozesse und Flexibilität.
  Nachteile: Abhängigkeit von zuverlässigen Lieferanten. Hohe Anfälligkeit für Lieferverzögerungen.

On-Demand-Beschaffung

- Bestellung nur bei tatsächlichem Kundenbedarf.
  Vorteile: Keine Lagerkosten. Höhere Flexibilität bei Nachfrageänderungen.
  Nachteile: Abhängigkeit von Lieferantenreaktionszeiten. Gefahr von Lieferengpässen.

6.4.4. Aspekte der Nachhaltigkeit

Green Procurement

- Berücksichtigung von Umwelt- und Sozialaspekten bei der Beschaffung.
  Vorteile: Stärkung des Unternehmensimages. Einhaltung gesetzlicher Vorgaben und Nachhaltigkeitsstandards.

Nachteile: Potenziell höhere Kosten für umweltfreundliche Produkte. Begrenzte Auswahl an nachhaltigen Lieferanten.

Fair Trade-Beschaffung

- Einkauf bei Lieferanten, die faire Arbeits- und Handelsbedingungen bieten.
  Vorteile: Beitrag zu sozialen und ethischen Standards. Verbesserung des Markenimages.
  Nachteile: Möglicherweise höhere Einkaufspreise. Begrenzte Verfügbarkeit bestimmter Produkte.

6.4.5. Technologieorientierung

E-Procurement

- Elektronische Beschaffung über Online-Plattformen und Softwarelösungen.
  Vorteile: Automatisierung von Prozessen und Kosteneinsparungen. Transparenz bei Bestellungen und Lagerbeständen.
  Nachteile: Abhängigkeit von IT-Systemen und deren Sicherheit. Schulungsbedarf für Mitarbeiter.

KI-gestützte Planung der Beschaffung

- Nutzung von Künstlicher Intelligenz zur Analyse von Marktdaten und Bedarfsprognosen.
  Vorteile: Bessere Entscheidungsfindung und Risikomanagement. Frühzeitiges Erkennen von Trends und Optimierungspotenzialen.
  Nachteile: Hohe Investitionskosten für Technologien. Abhängigkeit von Datenqualität.

- Predictive Analytics: Nutzung von Datenanalysen zur Vorhersage von Lieferengpässen und Trends. Frühzeitige Identifikation potenzieller Probleme.

Technologie und Innovation in der Zukunft

- Digitalisierung und Künstliche Intelligenz: Zunehmende Integration von digitalen Technologien für automatisierte Beschaffungsprozesse. KI-gestützte Systeme zur Echtzeit-Analyse von Markttrends und Verbraucherverhalten.
- Blockchain-Technologie: Sicherstellung der Transparenz und Status-Authentizität/-Echtheit in der gesamten Lieferkette. Verhinderung von Störungen, Fälschungen und Qualitätsproblemen.

6.4.6.   Lieferantenbeziehung

Lieferantenmanagement umfasst die Verwaltung der Beziehung zwischen dem Einzelhändler und seinen Lieferanten. Sie verfolgt die Grundziele wie Effizienzsteigerung, Kostenoptimierung und Qualitätssicherung. Die Produktleistung und Qualität werden im Handel vom Lieferanten erzeugt. Eine gute Handelsbeziehung hat also Einfluss auf die Produktverfügbarkeit und Qualität. Nachfolgend finden Sie eine Zusammenstellung möglicher Lieferantenbeziehungen im Retail Management:

Transaktionale Beziehungen

- Kurzfristige, auf einzelne Transaktionen (Bestellungen) fokussierte Beziehungen mit dem Ziel der Kostenminimierung und schnellen Geschäftsabwicklung.
  Merkmale sind geringe Loyalität und begrenzte Zusammenarbeit.

Kooperative Beziehungen

- Langfristige Partnerschaften mit gegenseitigem Nutzen. Zusammenarbeit bei Planung, Bestandsmanagement und Innovation. Schaffen gemeinsamer Vorteile in Stabilität, Innovationspotenzial und gemeinsamer Risikobewältigung.

Strategische Allianzen:

- Intensive, langfristige Partnerschaften mit tiefgehender Integration. Gemeinsame Entwicklung von Produkten, gemeinsame Marktstrategien. Vorteile sind in exklusiven Angeboten und besseren Konditionen, stabilen Lieferketten und Zugang zu innovativen Produkten zu finden. Bedingt und begleitet von hoher Abhängigkeit und komplexer Verwaltung der Allianz.

6.5. Risikomanagement

Das Risikomanagement in der Beschaffung und im Supply-Chain-Management ist ein zentraler Erfolgsfaktor in einer zunehmend volatilen und globalisierten Wirtschaft. Die Fähigkeit, Risiken frühzeitig zu erkennen, zu bewerten und gezielt gegenzusteuern, entscheidet darüber, wie widerstandsfähig (resilient) und wettbewerbsfähig Unternehmen auf Marktveränderungen (agil) reagieren können. In einer Welt, die zunehmend von Unsicherheiten, Lieferengpässen und komplexen Abhängigkeiten geprägt ist, wird das effektive Management von Risiken zu einer strategischen Notwendigkeit. Insbesondere der Handel steht vor der Herausforderung, Lieferketten zu sichern und gleichzeitig Flexibilität sowie Kosteneffizienz zu wahren.

Das Kapitel beleuchtet die Grundlagen des Risikomanagements in der Beschaffung, die verschiedenen Risikotypen und Strategien zur Risikoreduzierung. Darüber hinaus werden zukünftige Entwicklungen und innovative Ansätze untersucht, um die Resilienz von Beschaffungssystemen zu stärken. Ziel ist es, die Risiken und Herausforderungen in der Lieferkette zu meistern und Chancen für nachhaltiges und widerstandsfähiges Retail Management zu nutzen. Ein gut durchdachtes Risikomanagement schützt Unternehmen nicht nur vor Störungen, sondern ermöglicht durch vorausschauende Planung langfristigen Erfolg und Stabilität.

6.5.1.   Durchführung

Risikomanagement in der Beschaffung umfasst die systematische Identifikation, Bewertung und Steuerung von Risiken in der Lieferkette, um die Versorgungssicherheit zu gewährleisten.

Erkennung potenzieller Risiken entlang der Lieferkette wie:

- Lieferantenrisiken: Insolvenz, Qualitätsprobleme, Abhängigkeiten.
- Marktrisiken: Preisschwankungen, Rohstoffknappheit.
- Transport- und Logistikrisiken: Lieferverzögerungen, Naturkatastrophen.
- Politische Risiken: Handelskonflikte, Sanktionen.
- Technologische Risiken: IT-Ausfälle, Cyberangriffe.

Bewertung der erkannten Risiken:

- Analyse der identifizierten Risiken anhand von Eintritts-wahrscheinlichkeit und Auswirkungen.
- Priorisierung durch Risiko-Matrix mit Einschätzung des Risikos in hoch, mittel oder niedrig.
- Nutzung des FMEA-Analyse Tools (siehe nachfolgendes Kapitel 6.5.2).

Erarbeitung von Maßnahmen zur Risikoreduzierung:

- Strategien zur Minimierung von Risiken wie Dual oder Multiple Sourcing.
- Lagerhaltung: Sicherheitsbestände vorhalten und aufbauen.
- Vertragliche Absicherung: Langfristverträge, Pönale oder Versicherungen.
- Monitoring und Audits, d.h. kontinuierliche Lieferanten-überwachung.

Maßnahmen zur Risikobewältigung:

- Notfallpläne: Schnelle Reaktion auf Krisen durch Alternativlieferanten und Änderung der Lieferkette.
- Flexibilität erhöhen: Anpassung von Bestellmengen und Lieferwegen.
- Kommunikation: Enger Austausch mit Lieferanten und Partnern. Schaffung von Transparenz und gesicherter Information.

6.5.2. FMEA-Analyse Tool

Die Fehlermöglichkeits- und Einflussanalyse (engl. Failure Mode and Effects Analysis) wird abgekürzt als FMEA-Analyse bezeichnet. Sie ist ein bewährtes Instrument zur Risikobewertung und -minderung, das Unternehmen hilft, potenzielle Fehlerquellen zu identifizieren und präventiv zu eliminieren. Dadurch werden die Zuverlässigkeit und Sicherheit von Prozessen abgesichert. Sie wird häufig in der Beschaffung, Produktion und im Qualitätsmanagement eingesetzt, um deren Risiken frühzeitig zu erkennen und zu minimieren.

Ziele der FMEA:

- Fehler frühzeitig identifizieren: Vor der Entstehung oder während der Planungsphase. Frühzeitige Fehlererkennung ist als Kostenreduktion anzusehen.
- Standardisierte Bewertung von Risiken: Durch Analyse von Ursachen, Auswirkungen und Eintrittswahrscheinlichkeiten.
- Maßnahmen entwickeln: Zur Fehlervermeidung oder Risikominderung.
- Proaktive Fehlervermeidung statt reaktiver Fehlerbehebung.
- Prozesse optimieren: Qualität und Zuverlässigkeit der Prozesse verbessern.

Arten der FMEA:

- System-FMEA: Betrachtet das Gesamtsystem und dessen Struktur.

- Prozess-FMEA: Untersucht Fehlerquellen in Herstellungs- oder Geschäftsprozessen.

Ablauf der FMEA:

Strukturierung des zu betrachtenden Systems oder Prozesses. Der ausgewählte Prozess wird in die einzelnen Prozess-schritte/Bestandteile zerlegt.

Fehleranalyse:

- Fehlermöglichkeiten (Failure Modes): Welche Fehler können auftreten?
  Brainstorming und die Ergebnisse schriftlich niederlegen.
- Fehlerfolgen (Effects): Welche Auswirkungen haben die Fehler? Ausdenken, folgern und schriftlich fixieren.
- Fehlerursachen (Causes): Warum treten die Fehler auf? Analysieren und verschriftlichen.

Risikobewertung:

- Bewertung anhand der Risikoprioritätszahl
- Bedeutung (B): Schwere der Auswirkung (Skala 1 – 10).
- Auftreten (A): Wahrscheinlichkeit des Fehlers (Skala 1 – 10).
- Entdeckbarkeit (E): Erkennungswahrscheinlichkeit (Skala 1 – 10).
- Berechnung der Risikoprioritätszahl (RPZ):

$$RPZ = Bedeutung\ (B) \times Auftreten\ (A) \times Entdeckbarkeit\ (E)$$

Formel 9: Risikoprioritätszahl

Maßnahmenplanung:

- Entwicklung von Maßnahmen zur Reduzierung von Risiken.
- Umsetzung und Überwachung der Maßnahmen.

Kontrolle und Dokumentation:

- Bewertung der Wirksamkeit und Anpassung bei Bedarf.

Beispiel für eine einfache FMEA-Analyse:

- Ein Hersteller untersucht die Verpackung von Waren.
- Fehlermöglichkeit: Verpackung reißt während des Transports.
- Mögliche Ursache: Zu dünnes Material.
- Auswirkung: Beschädigte Ware beim Kunden.

Bewertung:

Bedeutung (B) = 8 (hoher Schaden).
Auftreten (A) = 5 (mittel).
Entdeckbarkeit (E) = 6 (gering).
RPZ = 8 × 5 × 6 = 240.

Maßnahme: Stärkere Verpackung und zusätzliche Qualitätskontrolle.

6.5.3.   Typisierung

Im Handelsgeschäft treten verschiedene Risikotypen auf, die die Wirtschaftlichkeit, Lieferfähigkeit und somit die Wettbewerbsfähigkeit beeinflussen. Diese Risiken lassen sich in folgende Kategorien unterteilen.

Nachfrage- und Absatzrisiken:

- Schwankende Kundennachfrage auf Basis von saisonalen Schwankungen und Markttrends (Nachfrageschwankungen).
- Wettbewerbsdruck: Preisdumping oder neue Marktteilnehmer.

- Trends und Moden: Schnelle Änderungen bei Konsumvorlieben.
- Preiskämpfe: Margendruck durch aggressive Preispolitik von Wettbewerbern.

Beschaffungs- und Lieferantenausfallrisiken:

- Unzuverlässige Lieferanten und Lieferkettenunterbrechungen.
- Lieferverzögerungen: Verspätete Anlieferung von Waren durch Lieferanten.
- Qualitätsmängel: Fehlerhafte oder nicht spezifikationsgerechte Produkte.
- Preisschwankungen: Volatile Rohstoff- oder Einkaufspreise.
- Logistikprobleme: Transportausfälle oder Verzögerungen.
  Maßnahmen: Alternativquellen und Notfallpläne als Gegenmaßnahmen.

Qualitäts- und Produktrisiken:

- Qualitätsprobleme und Produktausfälle.
  Maßnahmen: Qualitätskontrollen und Zertifizierungen als präventive Maßnahmen.

Finanz- und Währungsrisiken:

- Währungsschwankungen und finanzielle Instabilität.
  Maßnahmen wären Hedging-Strategien, Währungssicherung und Finanzplanung.
- Zahlungsausfälle: Kunden zahlen nicht oder Lieferanten verlangen Vorkasse.
- Kreditausfallrisiken: Unsicherheiten bei Finanzierungen und Kreditvergaben.

- Liquiditätsengpässe: Zahlungsunfähigkeit durch schlechte Planung.

Technologische, prozessuale oder logistische Risiken:

- Technologische Störungen und Logistikprobleme. Maßnahmen: Einsatz von Technologien zur Überwachung und Optimierung.
- Prozessfehler: Fehlerhafte Lagerhaltung, Inventurprobleme oder fehlerhafte Bestellungen.
- Technische Störungen: IT-Ausfälle oder Systemfehler bei der Bestellabwicklung.
- Personalausfälle: Unzureichende Personalplanung oder Fachkräftemangel.
- Betriebsunterbrechungen: Produktions- oder Lieferstörungen durch Brände, Naturkatastrophen oder Cyberangriffe.

Rechtliche und regulatorische Risiken

- Gesetzesänderungen: Neue Umweltauflagen oder Handelsgesetze.
- Vertragsrisiken: Unklare Vertragsbedingungen oder Haftungsfragen.
- Produkthaftung: Rückrufaktionen wegen mangelhafter Produkte.
- Zoll- und Handelsbeschränkungen: Neue Zölle oder Exportverbote.

Globale Risiken

- Politische Risiken: Handelskonflikte, Sanktionen oder politische Instabilität.

- Naturkatastrophen: Erdbeben, Überschwemmungen oder Pandemien.
- Pandemien und Epidemien: Produktionsausfälle und Transportprobleme.

Wird an dem Risikomanagement nicht aktiv gearbeitet und Maßnahmen getroffen, drohen neben dem wirtschaftlichen Schaden erhebliche Reputationsrisiken. Reputationsrisiken entstehen durch Imageschäden, beispielsweise infolge von Skandalen, fehlerhaften Produkten oder Verstößen gegen Umwelt- und Sozialstandards. Auch negative Kundenbewertungen und Beschwerden in sozialen Medien können das Vertrauen der Verbraucher in das Handelsunternehmen beeinträchtigen. Es droht ein Verlust von Kunden und deren Loyalität.

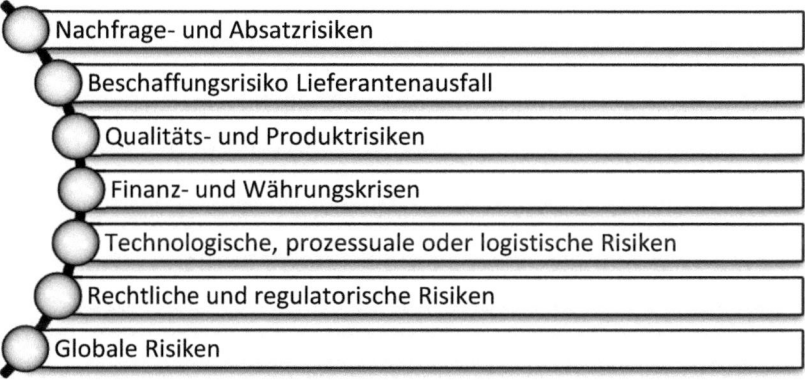

Abbildung 27: Risikotypisierung

7.   Vertriebsmanagement

Das Management des Vertriebs im Handel ist von hoher Bedeutung, da es direkt die Kunden und somit den wirtschaftlichen Erfolg der Unternehmung beeinflusst. Nachfolgend sind einige Hauptgründe und Ursachen dazu ausgeführt. Diese Aspekte sollen verdeutlichen, warum Vertriebsmanagement so wichtig ist:

- Kundenzufriedenheit: Das Vertriebsmanagement stellt sicher, dass die Kunden die gewünschten Produkte in der richtigen Menge und Qualität erhalten.
- Umsatzsteigerung: Mittels Vertriebsstrategien können Verkäufe maximiert und neue Kunden gewonnen werden. Außerdem stärkt es das Markenimage und die Wahrnehmung des Unternehmens.
- Marktanpassung: Ein flexibles Vertriebsmanagement ermöglicht, schnell auf Marktveränderungen und Kundenbedürfnisse zu reagieren.
- Wettbewerbsfähigkeit: Durch innovative Vertriebsstrategien und -kanäle kann sich ein Einzelhändler von der Konkurrenz abheben. Weiterhin optimiert es die Prozesse von der Bestellung bis zur Lieferung, was die Betriebskosten senkt und die Wirtschaftlichkeit erhöht.

7.1. Aufgaben

Das Vertriebsmanagement im Handel umfasst die Planung, Steuerung und Umsetzung aller Maßnahmen, die den Verkauf von Produkten und Dienstleistungen fördern. Eine zentrale Aufgabe ist die Marktanalyse, bei der Zielgruppen, Trends und Wettbewerber untersucht werden, um Marktpotenziale zu identifizieren und Vertriebsstrategien gezielt auszurichten.

Die Hauptziele des Vertriebsmanagements sind:

- Maximierung des Umsatzes und Gewinns.

- Kundenzufriedenheit und -bindung.

- Differenzierung von Mitbewerbern.

Abbildung 28: Aufgaben und Ziele Vertriebsmanagement

Darauf aufbauend verfolgt die Vertriebsplanung konkrete Ziele wie:

- Umsatzvorgaben, Marktanteile und Absatzmengen werden definiert sowie Budgets und vertriebliche Ressourcen geplant.

- Entwicklung von Vertriebsstrategien (direkt, indirekt, online, stationär).

- Das Vertriebscontrolling analysiert und liefert die nötigen Soll- und Ist-Planungsdaten, um Planabweichungen zu erkennen. Basierend auf dieser Auswertung können Strategien angepasst, Korrekturen eingeleitet oder Maßnahmen getroffen werden.

- Leistungsbewertung und Controlling: Das Vertriebscontrolling überwacht die Verkaufszahlen und analysiert die Kennzahlen, um den Erfolg und die Zielerreichung zu bewerten.
- Anpassung und Optimierung der Vorgehensweise.
- Budget- und Ressourcenplanung.

Ein weiterer Schwerpunkt ist die Organisation des Vertriebs im Aufbau und der Steuerung von Vertriebskanälen wie:

- Aufbau und Steuerung von Vertriebskanälen bspw. Einzelhandel/stationäre Geschäfte, E-Commerce, Online-Shops oder Großhandel.
- Vertriebsteams werden strukturiert, Vertriebsgebiete zugewiesen und Zuständigkeiten klar definiert.

Zur Umsetzung der geplanten Strategien gehören Marketingmaßnahmen, Werbe- und Verkaufsförderungsmaßnahmen wie:

- Rabattaktionen, Werbekampagnen oder Events,
- die Entwicklung einer passenden temporären oder dauerhaften Preisgestaltung.
- Die Festlegung von Konditionen sowie
- der Einsatz von Verkaufstechniken für Kundengespräche zur Umsatzsteigerung.

Abschließend gilt es, das Kundenmanagement zu pflegen und zu erhalten, denn ein zufriedener Kunde kauft wieder. Es empfiehlt sich die Pflege von Kundenbeziehungen mittels eines CRM-System.

7.2. Positionierung

Positionierung ist ein wichtiger Bestandteil des Marketings, der darauf abzielt, die einzigartigen Stärken eines Unternehmens oder Produkts hervorzuheben. Ziel ist es, sich durch Alleinstellungsmerkmale deutlich von der Konkurrenz abzuheben und eine klare Differenzierung zu schaffen.

Die Positionierung eines Unternehmens im Handel ist eine wesentliche Grundlage für die Markenbildung, die Differenzierung vom Marktbegleiter und den Erfolg im Wettbewerbsumfeld. Sie hilft dabei, sich von anderen Wettbewerbern abzuheben und die eigene Zielgruppe konkret anzusprechen, indem man deren Bedürfnisse und Wünsche berücksichtigt. Eine klare Positionierung ermöglicht es einem Unternehmen, in den Köpfen der Konsumenten eine starke und einzigartige Stellung einzunehmen.

Differenzierung und Positionierung sind keine statischen Konzepte, sondern erfordern eine kontinuierliche Analyse und Anpassung. Einzelhändler, die in der Lage sind, ihre Positionierung klar zu kommunizieren (auszudrücken) und sich effektiv vom Marktbegleiter zu differenzieren, haben die besten Chancen, langfristigen Erfolg zu haben, auch vor dem wandelnden Handelsumfeld. Gerade im immer zunehmend wettbewerbsintensiveren Handelsmarkt steht der Handel vor einem komplexen Geflecht von Herausforderungen und Chancen, das sowohl vom sich verändernden Verbraucherverhalten als auch von dynamischen Marktkräften geprägt ist.

7.2.1. Vorgehensweise

Die Umsetzung der Positionierung im Handel erfordert eine strukturierte Herangehensweise, um die einzigartigen Stärken eines Unternehmens oder dessen Produkten klar zu kommunizieren und sich von der Konkurrenz abzuheben. Durch diese Berücksichtigung der folgend genannten Schritte kann ein Unternehmen seine Positionierung im Handel erfolgreicher umsetzen. Hier sind wesentliche Schritte:

Marktanalyse und -forschung

- Durchführung einer gründlichen Marktanalyse, um die Bedürfnisse und Wünsche der Zielgruppe zu verstehen sowie den Markt und Reifegrad.
- Stärken und Schwächen deiner Wettbewerber werden ebenfalls erhoben.
- Im Fortbestand der Unternehmung werden durch kontinuierliche Marktforschung Veränderungen und Trends identifiziert, sodass die bestehende Positionierung entsprechend anzupassen ist.

Zielgruppenbestimmung und -ansprache

- Klar festlegen, wer die gewünschten Zielkunden sind. Es gilt, detaillierte Kundenprofile zu erarbeiten, um ihre Präferenzen und das Kaufverhalten dieser Zielgruppe besser zu verstehen, denn die Positionierung hängt stark davon ab, welche Zielgruppe ein Unternehmen ansprechen möchte. Die Zielgruppe kann bspw. durch demografische Merkmale (Alter, Einkommen, Geschlecht), psychografische Merkmale (Lebensstil, Werte) oder Verhaltensmerkmale (Kaufgewohnheiten, Markentreue) erstellt werden.

- Ein tiefes Verständnis der Zielgruppe ist entscheidend, um eine korrekte Positionierung zu wählen, die auf die Bedürfnisse, Potenziale und Wünsche der Kunden abgestimmt ist.
- Liegen die Marktanalyse und Zielgruppenbestimmung vor, so können anhand der erhobenen Daten Marktpotenziale und Marktanteile der Wettbewerber bestimmt werden.

Differenzierung und Einzigartigkeit herausarbeiten

- Es gilt, die Alleinstellungsmerkmale (Unique Selling Proposition[21]) der Unternehmung oder des Sortiments herauszustellen. Diese sollten klar und überzeugend kommuniziert werden, um sich von der Konkurrenz abzuheben.
- Ein Unternehmen muss sich von seinen Wettbewerbern abheben. Das kann durch einzigartige innovative Produkteigenschaften, Qualitätsprodukte, Nischenprodukte, Preisstrategien oder auch durch das Einkaufserlebnis im Handel geschehen. Diese Differenzierung sorgt dafür, dass das Unternehmen für die Zielgruppe als eine besonders attraktive Wahl bevorzugt wahrgenommen wird.
- Kontinuierliche Innovation in Produkten, Services oder Marketingstrategien tragen dazu bei, die Differenzierung aufrechtzuerhalten und die Position im Markt zu stärken und/oder auszubauen.

Positionierungsstrategie entwickeln

- Es wird die Positionierungsstrategie ausgearbeitet, welche die Alleinstellungsmerkmale (Unique Selling Proposition (USP)) des Unternehmens in den Vordergrund stellt. Dies kann durch verschiedene Ansätze geschehen, wie z.B.

---

[21] Anmerkung: Eine Unique Selling Proposition (USP) ist ein einzigartiges Verkaufsversprechen, das ein Produkt oder eine Dienstleistung von der Konkurrenz abhebt. Es beschreibt die besonderen Merkmale oder Vorteile, die nur dieses Produkt bietet und für die Zielgruppe besonders attraktiv sind.

preisbasierte, attributbasierte oder nutzenbasierte Positionierung.

- Die Positionierung beeinflusst die Wahrnehmung im Markt, d.h. wie Konsumenten das Unternehmen oder seine Produkte wahrnehmen. Eine klare und differenzierte Positionierung trägt dazu bei, dass sich das Unternehmen in den Köpfen der Kunden einprägt, sei es als besonders innovativ, hochwertig, günstig oder nachhaltig.

- Der Preis spielt eine zentrale Rolle bei der Positionierung im Handel. Ein Unternehmen kann sich als „Premium"-Marke positionieren, die hohe Qualität zu einem höheren Preis anbietet oder als „Discounter", der mit niedrigen Preisen konkurrenzfähig ist.

- Grundsätzlich werden die vier Strategien: (I) Preisführerschaft (Niedrigpreise), (II) Qualitätsführerschaft (Premium-Produkte mit hoher Qualität), (III) Nischenstrategie (Spezialisierung auf einen kleinen Marktbereich) und (IV) Innovationsführerschaft (technologisch fortschrittliche Produkte) vorgegeben.

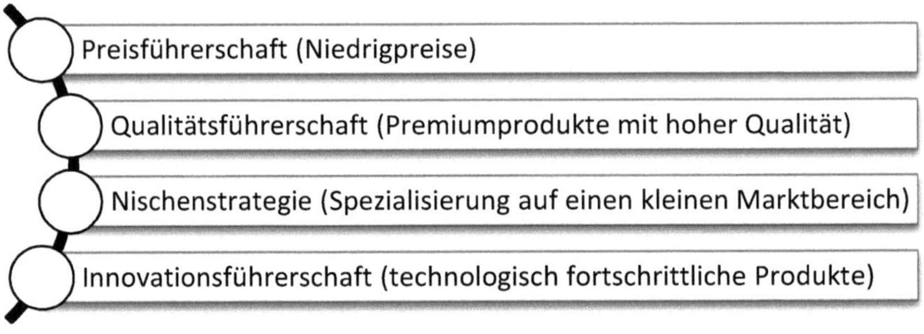

Preisführerschaft (Niedrigpreise)

Qualitätsführerschaft (Premiumprodukte mit hoher Qualität)

Nischenstrategie (Spezialisierung auf einen kleinen Marktbereich)

Innovationsführerschaft (technologisch fortschrittliche Produkte)

Abbildung 29: Marktpositionierung

Kommunikationsstrategie

- Um die Positionierung effektiv dem Kunden zu vermitteln, wird eine Kommunikationsstrategie erstellt.
- Diese Strategie kommuniziert an die Kunden über geeignete Medien und Kanäle wie Social Media, Events, Sponsoring, Werbung, Öffentlichkeitsarbeit (Public Relation), Blogartikel, Videos und Content Marketing die Message (Botschaft) und verbreitet diese.
- Für die Kontaktierung des Unternehmens durch den Kunden muss bspw. ein geschulter Kundenservice oder eine ansprechende selbsterklärende Website vorgehalten werden.

Markenimage:

- Das Image einer möglichen Marke (Produktmarke, Handelsmarke, Unternehmensmarke, regionale Marken, Eventmarken, Kulturmarken usw.) bildet einen wesentlichen Bestandteil der Positionierung. Eine Marke muss Werte und Merkmale an den Kunden vermitteln, die zu der Kunden- und Zielgruppe passen. Sie soll den Kunden dazu bringen, eine langfristige Beziehung und Loyalität zur Marke aufzubauen.

Letztendlich ist die Positionierungsstrategie in allen Bereichen des Unternehmens umzusetzen, von der Produktentwicklung über den Vertrieb bis hin zum Kundenservice. Hierzu muss geschult werden, dass alle Mitarbeiter des Unternehmens die Positionierung verstehen und unterstützen.

Die Wirksamkeit der Positionierungsstrategie ist fortlaufend zu überwachen und bei Bedarf anzupassen. Basisinformationen bilden Feedbacks von Kunden und Marktdaten, um Abweichungen zu erkennen und Verbesserungen vorzunehmen. Die Zukunft des Einzelhandels wird von sich wandelnden Verbraucherpräferenzen, technologischen Innovationen und globalen Herausforderungen dauerhaft beeinflusst.

7.2.2. Marketingstrategien

Marketingstrategien sorgen dafür, dass Unternehmen ihre Marktchancen systematisch nutzen, Wettbewerbsvorteile zu erzielen und nachhaltigen Erfolg zu sichern. Der Sinn von Marketingstrategien besteht darin, langfristige Ziele zu definieren und gezielte Maßnahmen zu entwickeln, um diese zu erreichen. Sie dienen dazu:

- Wettbewerbsvorteile zu schaffen: Durch die klare Positionierung von Produkten oder Dienstleistungen sollen Unternehmen sich von der Konkurrenz abheben.
- Zielgruppen zu erreichen: Marketingstrategien ermöglichen es, spezifische Kundengruppen gezielt anzusprechen und deren Bedürfnisse zu erfüllen.
- Marktanteile zu sichern und auszubauen: Mit einer durchdachten Strategie können Unternehmen ihre Marktposition stärken und neue Märkte erschließen.
- Markenbekanntheit und Image zu verbessern: Marketingmaßnahmen fördern die Wahrnehmung der Marke und stärken deren Glaubwürdigkeit und Vertrauen.
- Umsatz- und Gewinnziele zu erreichen: Strategien helfen, Produkte oder Dienstleistungen optimal zu vermarkten und dadurch den Absatz zu steigern.
- Kundenbindung zu fördern: Durch personalisierte Ansprache und Kundenzufriedenheit wird die Loyalität gestärkt.

- Effizienz und Ressourcennutzung zu optimieren: Marketingstrategien stellen sicher, dass Zeit, Budget und Personal zielgerichtet eingesetzt werden.

Jede der im Nachfolgenden vorgestellten vier Marketingstrategien (Marktdurchdringung, Marktentwicklung, Produktentwicklung und Diversifikation) haben jeweils Vor- und Nachteile. Daher sollte die Auswahl auf den spezifischen Zielen und Ressourcen des Unternehmens basieren. Die vier Marketingstrategien werden im nachfolgenden Text einzeln vorgestellt:

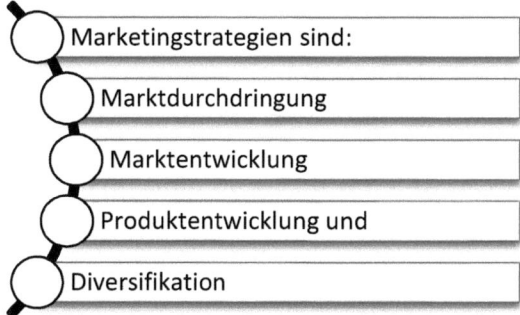

Marketingstrategien sind:

Marktdurchdringung

Marktentwicklung

Produktentwicklung und

Diversifikation

Abbildung 30: Marketingstrategien

Marktdurchdringungsstrategie I

- Diese Strategie zielt darauf ab, den Marktanteil bestehender Produkte in bestehenden Märkten zu erhöhen. Dies kann durch Maßnahmen wie Preissenkungen, verstärkte Werbung oder Verkaufsförderungen erreicht werden. Diese Strategie hilft, die Marktpräsenz zu stärken und den Umsatz zu steigern, ohne neue Produkte oder Märkte zu erschließen.

Als mögliche Gegenargumente an der Strategie sind folgende Punkte zu bedenken:

- Begrenztes Wachstumspotenzial: In gesättigten Märkten kann es schwierig sein, signifikante Marktanteile zu gewinnen.

- Preiskämpfe: Diese Strategie kann zu intensiven Preiskämpfen führen, was die Gewinnmargen verringern kann.

- Abhängigkeit vom bestehenden Markt: Unternehmen sind stark auf den bestehenden Markt angewiesen, was das Risiko erhöht, wenn sich Marktbedingungen ändern

Marktentwicklungsstrategie II

- Hierbei wird versucht, bestehende Produkte in neuen Märkten zu verkaufen. Dies kann durch geografische Expansion oder das Erschließen neuer Zielgruppen geschehen. Diese Strategie ermöglicht es Unternehmen, neue Einnahmequellen zu erschließen und das Risiko zu diversifizieren, indem sie nicht nur auf einen Markt angewiesen sind.

Als mögliche Gegenargumente an der Strategie sind folgende Punkte zu bedenken:

- Hohe Kosten: Die Erschließung neuer Märkte kann teuer sein, insbesondere wenn umfangreiche Marktforschung und Anpassungen erforderlich sind.

- Kulturelle Unterschiede: Neue Märkte können kulturelle und regulatorische Unterschiede aufweisen, die schwer zu überwinden sind.

- Ungewissheit: Es besteht ein hohes Risiko, dass die neuen Märkte nicht so profitabel sind wie erwartet.

Produktentwicklungsstrategie III

- Diese Strategie konzentriert sich auf die Entwicklung neuer Produkte für bestehende Märkte. Dies kann durch

Innovationen, Produktverbesserungen oder die Einführung neuer Produktlinien geschehen. Sie hilft, das Produktportfolio zu erweitern und den Kunden neue Lösungen anzubieten, was die Kundenbindung stärkt und neue Umsatzpotenziale schafft.

Als mögliche Gegenargumente an der Strategie sind folgende Punkte zu bedenken:

- Hohe Entwicklungskosten: Die Entwicklung neuer Produkte erfordert erhebliche Investitionen in Forschung und Entwicklung.

- Marktrisiko: Neue Produkte können am Markt scheitern, wenn sie nicht den Erwartungen der Kunden entsprechen.

- Komplexität: Die Verwaltung eines breiteren Produktportfolios kann komplex und ressourcenintensiv sein.

Diversifikationsstrategie IV

- Diese Strategie beinhaltet die Entwicklung neuer Produkte für neue Märkte. Es gibt drei Arten der Diversifikation: horizontale, vertikale und laterale Diversifikation. Diversifikation kann das Risiko erheblich reduzieren, da das Unternehmen nicht nur auf ein Produkt oder einen Markt angewiesen ist. Es eröffnet auch neue Wachstumschancen und kann das Unternehmen widerstandsfähiger gegenüber Marktschwankungen machen.

Als mögliche Gegenargumente an der Strategie sind folgende Punkte zu bedenken:

- Hohe Risiken: Diese Strategie birgt das höchste Risiko, da sie sowohl neue Produkte als auch neue Märkte umfasst.

- Komplexität und Kosten: Die Diversifikation erfordert erhebliche Investitionen und kann die Unternehmensstruktur komplexer machen.

- Fokussierungsverlust: Unternehmen können ihre Kernkompetenzen vernachlässigen und sich zu sehr verzetteln.

7.2.3.   Beispiele Positionierung

Die folgenden Beispiele sollen helfen, die Positionierungsstrategien der benannten Unternehmen zu erkennen. Mit dem Ziel, sich klar von der Konkurrenz abzuheben und eine starke Bindung zu ihren Zielgruppen aufzubauen, werden einzigartige Stärken der Unternehmung oder des Produkts gezielt herausgestellt, um sich durch unverwechselbare Alleinstellungsmerkmale klar von der Konkurrenz abzuheben und eine deutliche Anbieter/Produkt Differenzierung zu erreichen

Apple Marktpositionierung

Apple positioniert sich als Premium-Marke im Technologiesektor, der sich als Anbieter von innovativen und hochwertigen technologischen Produkten positioniert und ein nahtloses Benutzererlebnis (ohne Medienbruch) bietet. Das Unternehmen richtet sich an wohlhabende Verbraucher, Technik-Enthusiasten und Fachleute, die bereit sind, für hochwertige Produkte und Produktfamilien zu zahlen.

Schlüsselmerkmale sind:

- Innovationsführer: Apple setzt Trends und führt regelmäßig bahnbrechende Technologien ein, die das Leben der Nutzer vereinfachen und verbessern.

- Benutzerfreundlichkeit: Ein intuitives und nahtloses Benutzererlebnis durch eine Systemintegration. Die Marke spricht Menschen an, die Wert auf Individualität, Kreativität und modernen Lifestyle legen.
- Markenimage: Starkes und begehrenswertes Markenimage (Apfel), das durch konsistente Marketingbotschaften und hochwertige Produkte gestärkt wird.
- Datenschutz und Sicherheit: Apple hebt sich durch seine Betonung des Schutzes der Privatsphäre und der Sicherheit persönlicher Daten von der Konkurrenz ab.

Die klare Differenzierung liegt im Design, in der Benutzerfreundlichkeit und einem geschlossenem IT-System. Apple vermittelt ein Gefühl von Exklusivität und Luxus, das Kunden ein einzigartiges Erlebnis bietet und Statussymbolcharakter besitzt.

IKEA Marktpositionierung

IKEA positioniert sich als Anbieter von funktionalen, gut gestalteten und preiswerten Möbeln und Wohnaccessoires für eine breite Zielgruppe. Das Unternehmen spricht vor allem kostenbewusste Kunden an, die Wert auf gutes Design und Nachhaltigkeit legen. Mit seinen zahlreichen Filialen und Online-Angeboten ist IKEA weltweit präsent und sorgt für einfache Erreichbarkeit und ein positives Einkaufserlebnis.

Schlüsselmerkmale sind:

- Skandinavisches Design: Balance zwischen Funktion, Form, Qualität, Nachhaltigkeit und niedrigem Preis.
- Inspirierende Einkaufserlebnisse: IKEA-Stores sind so gestaltet, dass sie Kunden inspirieren und ihnen helfen, ihre eigenen Wohnräume zu gestalten inkl. attraktivem Restaurant.

- Nachhaltigkeit: Fokus auf umweltfreundliche Produkte und nachhaltige Praktiken.
- Selbstgestaltung und Flexibilität: Das Konzept von IKEA basiert auf dem Prinzip des Selbstaufbaus, wodurch Kunden die Möglichkeit erhalten, Kosten zu sparen und ihre Möbel flexibel zu gestalten.

Die klare Differenzierung erfolgt durch Selbstmontage, ein breites Sortiment zu erschwinglichen Preisen. Es ermöglicht jedermann ein bezahlbares, funktionales und stilvolles Wohnen und gleichzeitig übernimmt der Kunde soziale und ökologische Verantwortung.

7.3. Preisstrategien

Preisstrategien sind essenziell für den langfristigen Erfolg eines Unternehmens, da sie die Grundlage für Umsatz und Gewinn bilden. Gleichfalls sichern attraktive Angebote Wettbewerbsvorteile. Somit verbinden sich diese Unternehmensziele mit Kundenbedürfnissen und sorgen für eine finanziell nachhaltige Geschäftsentwicklung.

Die wichtigsten Gründe, warum Preisstrategien benötigt werden, lauten:

Positionierung am Markt:

- Der Preis signalisiert die Markenqualität und definiert die Position eines Unternehmens (z. B. Hochpreisig oder Discounter). Unternehmen können sich durch ihre Preisgestaltung klar von der Konkurrenz abheben.

Gewinnmaximierung:

- Eine durchdachte Preisstrategie sorgt dafür, dass Kosten gedeckt und Gewinne maximiert werden. Unternehmen können höhere Preise durchsetzen, wenn der wahrgenommene Wert des Produkts hoch ist.
- Preise können an die Zahlungsbereitschaft und Erwartungen der jeweiligen Zielgruppe angepasst werden.

Wettbewerbsfähigkeit:

- Um im Wettbewerb zu bestehen, müssen Unternehmen auf Preisveränderungen der Konkurrenz reagieren und gleichzeitig ihre eigene Rentabilität sichern. Dynamische Preisstrategien ermöglichen Anpassungen an Marktveränderungen.
- Durch wettbewerbsfähige Preise versucht das Unternehmen, einen größeren Marktanteil zu gewinnen.
- In wirtschaftlich schwierigen Zeiten helfen flexible Preisstrategien, den Absatz zu stabilisieren und Verluste zu minimieren. Gleichfalls können Unternehmen Preise dynamisch an veränderte Marktbedingungen oder Rohstoffpreise anpassen.
- Unternehmen können durch aggressive Marktdurchdringungspreise neue Kunden gewinnen oder Marktanteile erhöhen.

Neukundenbindung:

- Strategien wie Einführungspreise helfen, neue Produkte schnell zu etablieren.
- Preisstrategien wie Rabatte, Bündelangebote oder Abonnements erhöhen die Kundenbindung. Wettbewerbsfähige Preise fördern langfristige Beziehungen zu Stammkunden.

Im Folgenden werden vier gängige Preisstrategien vorgestellt, die Unternehmen nutzen, um ihre Marktziele zu erreichen und langfristig erfolgreich zu bleiben. Jede Strategie verfolgt dabei unterschiedliche Ansätze, um Preis, Nachfrage und Wert optimal aufeinander abzustimmen.

Niedrigpreisführerschaft (Penetrationsstrategie):

> Niedrigpreise als Vorteil und somit Fokussierung auf Kosteneffizienz (Einkauf, Markt und Prozess), um Produkte zu niedrigeren Preisen dem Kunden anzubieten. Weiterhin zielt eine Niedrigpreisstrategie darauf ab, Produkte zu einem günstigeren Preis als die Konkurrenz anzubieten, denn der Kunde ist preissensibel und wird angelockt. Discounter, Primark und Ryanair sind Beispiele für die Niedrigpreisstrategie im Einzelhandel.

- Unternehmen bieten ihre Produkte oder Dienstleistungen günstiger an als die Konkurrenz.

- Preisbewusste Kunden stehen im Fokus. Ziel ist es, durch hohe Verkaufszahlen trotz niedriger Margen Gewinne zu erzielen. Geringe Preise fördern Impulskäufe und Massennachfrage.

- Kostensenkung durch Massenproduktion (Economies of Scale) sowie Optimierung der Lieferkette und schlanke Betriebsstrukturen.

- Unternehmen beobachten kontinuierlich die Preise der Konkurrenz und passen ihre eigenen Preise an. Dynamische Preisgestaltung durch bspw. Rabatte und Sonderangebote.

Premium Preisstrategie (Hochpreisstrategie oder Qualitätsführerschaft):

- Die Preisstrategie zielt darauf ab, Produkte oder Dienstleistungen durch überlegene Qualität und hohe Wertigkeit zu positionieren. Unternehmen, die diese Strategie verfolgen, verlangen in der Regel höhere Preise und richten sich an Kunden, die bereit sind, für Qualität und Markenprestige einen Aufpreis zu zahlen. Als Beispiel gelten Premium-Markenuhren wie Rolex.

- Verwendung von erstklassigen Materialien.

- Fokus auf Langlebigkeit, Zuverlässigkeit und exzellente Verarbeitung.

- Aufbau eines exklusiven Markenimages das Luxus und Prestige vermittelt.

- Zielgruppen fühlen sich emotional angesprochen und identifizieren sich mit der Marke.

- Preise spiegeln die überlegene Qualität wider und grenzen das Angebot von günstigeren Wettbewerbern ab.

- Kunden verbinden den hohen Preis oft mit einem höheren Wert.

Diese Preisstrategien können je nach Marktbedingungen, Wettbewerb und Unternehmenszielen variieren. Unternehmen wählen oft eine Kombination dieser Strategien, um ihre Preisgestaltung zu optimieren und ihre Geschäftsziele zu erreichen.

Hier sind einige der weiteren wichtigsten Preisstrategien und ihre Unterschiede dargestellt:

Kostenorientierte Preisstrategie

- Die Preise werden auf Basis der Produktions- und Betriebskosten festgelegt, zu denen ein Gewinnaufschlag hinzukommt. Sie ist einfach zu berechnen und stellt sicher, dass die Kosten gedeckt sind. Allerdings berücksichtigt sie weder die Nachfrage noch den Wettbewerb.

Wettbewerbsorientierte Preisstrategie

- Die Preise werden auf Basis der Preise der Wettbewerber festgelegt. Das hilft der Unternehmung, wettbewerbsfähig zu bleiben und Marktanteile zu sichern. Sie kann aber zu Preiskämpfen führen und die Gewinnmargen verringern.

Nachfrageorientierte Preisstrategie

- Die Preise werden auf Basis der Nachfrage und der Zahlungsbereitschaft der Kunden festgelegt. Es führt zu einer Umsatzmaximierung auf der Basis von maximalem Preis * Menge, indem die Preise an die Marktnachfrage angepasst werden. Sie ist aber schwierig zu implementieren und erfordert genaue Marktanalysen zur Datengrundlage.

Skimming-Preisstrategie

- Neue Produkte werden zu einem hohen Preis eingeführt, der im Laufe der Zeit gesenkt wird. Der hohe Einführungspreis maximiert die Gewinne in der Einführungsphase und nutzt die Zahlungsbereitschaft der Early Adopters. Der hohe Preis und die damit verbundene hohe Marge wird Wettbewerber anziehen und den eigenen Marktanteil verringern.

Psychologische Preisstrategie

- Preise werden so festgelegt, dass sie psychologisch attraktiv wirken (z.B. 9,99 € statt 10,00 €). Dies beeinflusst die Wahrnehmung des Preises und die Kaufentscheidung des Kunden. Andererseits kann es als manipulativ wahrgenommen werden und das Vertrauen beeinträchtigen.

Rabatt- und Aktionspreisstrategie

- Produkte werden vorübergehend zu reduzierten Preisen angeboten, um den Absatz zu steigern. Es wird kurzfristig den Umsatz erhöhen und Lagerbestände reduzieren, die Marge aber schmälern. Auf der Kundenseite wird das

Produkt wahrgenommen, aber die Kunden gewöhnen sich an Rabatte und warten darauf.

Niedrigpreisführerschaft (Penetrationsstrategie)
Premium Preisstrategie (Hochpreis oder Qualitätsführer)
Kostenorientierte Preisstrategie
Wettbewerbsorientierte Preisstrategie
Nachfrageorientierte Preisstrategie
Skimming-Preisstrategie
Psychologische Preisstrategie
Rabatt- und Aktionspreisstrategie

Abbildung 31: Preisstrategien

7.4. Verkaufsförderung

Verkaufsförderung ist ein Instrument, das gezielt eingesetzt werden kann, um den Verkauf zu fördern/anzukurbeln. Die Verkaufsförderung im Handel umfasst alle Maßnahmen, die darauf abzielen, den Absatz von Produkten oder Dienstleistungen zu steigern. Diese Maßnahmen können sowohl kurzfristig als auch langfristig angelegt sein und richten sich an verschiedene Zielgruppen wie Endverbraucher, Händler oder das eigene Verkaufspersonal.

Die Ursachen oder der Bedarf für eine Verkaufsförderung lassen sich wie folgt begründen:

• Steigerung des Absatzes: Verkaufsförderung hilft, den Verkauf von Produkten kurz- oder langfristig zu erhöhen, insbesondere in wettbewerbsintensiven Märkten.

- Kundenbindung: Durch gezielte verkaufsfördernde Aktionen werden Kunden an das Unternehmen gebunden und ihre Loyalität gestärkt.
- Einführung neuer Produkte: Verkaufsförderung macht neue Produkte bekannt und fördert deren schnelle Markteinführung.
- Abverkauf von Lagerbeständen: Überbestände können durch spezielle Verkaufsaktionen schneller abgebaut werden.

Verkaufsförderung kann in Maßnahmen mit Preisvorteilen und Maßnahmen ohne Preisvorteil differenziert werden. Im Kapitel 3.2 Ladenlayout wurde bereits die Rolle der Einrichtung und Gestaltung ausgeführt. Maßnahmen zu einer Verkaufsförderung, welche nicht auf den Preis und den preissensiblen Kunden ausgerichtet werden, sind beispielsweise:

- Kundenerlebnisräume: Schaffung eines angenehmen Einkaufserlebnisses durch Musik, Beleuchtung und Dekoration.
- Werbemaßnahmen: Gestaltung von Schaufenstern, Werbematerialien und digitaler Werbung.
- Point of Sale-Materialien: Werbematerialien am Point of Sale (Verkaufsstelle) wie Displays, Plakate oder Aufsteller, die die Aufmerksamkeit der Kunden auf bestimmte Produkte lenken.
- Verkostungen und Produktproben: Kunden können Produkte kostenlos testen, um sie kennenzulernen.
- Kundenbindung: Einführung von Treueprogrammen und Versendung gezielter Marketingaktionen wie Modenschau, Hausmessen, usw.

- Events und Aktionen: Veranstaltungen wie Gewinnspiele, Wettbewerbe oder besondere Events, die das Interesse der Kunden wecken und die Kundenbindung festigen.

Maßnahmen zu einer Verkaufsförderung, welche auf den Preis und den preissensiblen Kunden ausgerichtet werden, sind beispielsweise:

- Rabattaktionen: Preisnachlässe, Aktionen oder Sonderangebote, die zeitlich begrenzt sind.
- Promotion-Aktionen: Planung und Umsetzung von Rabatten oder Sonderangeboten.
- Gutscheine und Coupons: Kunden erhalten Rabatte oder kostenlose Produkte bei Vorlage eines Gutscheins.
- Treueprogramme: Kunden sammeln Punkte oder erhalten Prämien für wiederholte Käufe.

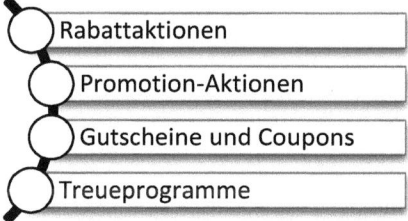

Abbildung 32: Verkaufsförderung

7.5. Vertriebswege

Unter Vertriebsstrategien im Handel werden gezielte Konzepte und Maßnahmen verstanden, die darauf abzielen, Produkte und Dienstleistungen möglichst effizient und erfolgreich an Kunden zu verkaufen. Sie dienen dazu, die Marktposition zu stärken, Umsätze zu steigern und Kundenbedürfnisse optimal zu erfüllen.

Diese Strategien beinhalten die Planung und Organisation von Vertriebswegen und -kanälen, die Auswahl der Zielgruppen. Unternehmen wählen dabei zwischen direkten Vertriebswegen, wie dem Verkauf über eigene Filialen oder Online-Shops, und indirekten Vertriebswegen, bei denen Großhändler oder Einzelhändler als Vermittler fungieren. Grundsätzlich wird in zwei Formen des Vertriebs, den direkten und den indirekten Vertriebsweg unterschieden.

- Beim direkten Vertriebsweg verkauft ein Unternehmen seine Produkte oder Dienstleistungen ohne Zwischenhändler direkt an die Endkunden.
- Beim indirekten Vertriebsweg werden Produkte oder Dienstleistungen über Zwischenhändler, Großhändler oder Einzelhändler an die Endkunden verkauft.

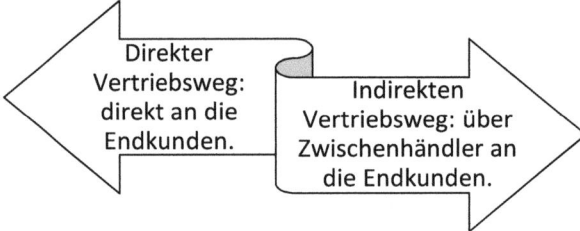

Abbildung 33: Vertriebswege

Der direkte Vertrieb ermöglicht dem Hersteller eine unmittelbare Kundenbeziehung, während der indirekte Vertrieb den Absatz über die Einbindung externer Partner organisiert und dadurch oft eine größere Reichweite erzielt.

Das zentrale Kriterium, das den direkten und indirekten Vertrieb unterscheidet, ist die Art der Absatzkanäle und die

Einbindung von Zwischenhändlern. Der Zwischenhändler erhält eine Provision.

Beispiele für die Form des direkten Vertriebswegs sind beispielsweise:

- Filialen, Geschäfte im Präsenzhandel. Eigener Onlineshop, Social-Media oder eigener Versandhandel.

Beim Direktvertrieb verkauft das Unternehmen seine Produkte direkt an den Endkunden, ohne Zwischenhändler. Es besteht eine direkte Kundenbindung und die volle Kontrolle über den Verkaufsprozess.

Vorteile:

- Direkte Kundenbindung und Feedback.
- Volle Kontrolle über den Verkaufsprozess und die Preisgestaltung.
- Höhere Gewinnmargen, da keine Zwischenhändler beteiligt sind.

Nachteile:

- Höhere Vertriebskosten (z.B. für Personal und Infrastruktur).
- Begrenzte Reichweite, da das Unternehmen selbst für den Vertrieb verantwortlich ist.

Beim Strukturvertrieb wird die Ware über ein Vertriebsnetzwerk, in dem Provisionen auf mehreren Ebenen ausgezahlt werden, vertrieben. Strukturvertrieb basierend somit auf einem mehrstufigen Netzwerk von Vertriebspartnern, bis die Ware an den Endkunden gelangt.

Die Form des indirekten Vertriebswegs gibt es als:

- Vertrieb über Stufen wie Großhandel, Zwischenhändler oder Wiederverkäufer.

- Franchise-System.
- Verkauf über Vermittler, Agenturen oder Makler.

Hierbei werden Zwischenhändler wie Großhändler, Einzelhändler oder Distributoren eingebunden, um die Produkte an den Endkunden zu bringen. Dies ermöglicht eine breitere Marktabdeckung und kann die Vertriebskosten senken.

Vorteile:

- Breitere Marktabdeckung durch Nutzung von Zwischenhändlern.
- Reduzierte Vertriebskosten und geringeres finanzielles Risiko.
- Zugang zu etablierten Vertriebskanälen und Kundenstämmen der Zwischenhändler.

Nachteile:

- Geringere Gewinnmargen aufgrund von Provisionszahlungen an Zwischenhändler.
- Weniger Kontrolle über den Verkaufsprozess und die Kundenbeziehungen.

Letztlich zielen Vertriebsstrategien darauf ab, den gesamten Verkaufsprozess zu optimieren und durch gezielte Ansätze eine langfristige Wettbewerbsfähigkeit dem Unternehmen zu sichern. Jeder Vertriebsweg oder deren Kombinationen haben ihre eigenen Vor- und Nachteile und kann je nach Unternehmensziel und Marktbedingungen unterschiedlich effektiv sein. Im Folgenden sind einige gängige kombinierbare Vertriebsstrategien vorgestellt:

Multi-Channel-Vertrieb

Diese Strategie kombiniert verschiedene Vertriebskanäle, wie Online-Shops, stationäre Geschäfte und Kataloge, um den

Kunden mehrere Kaufmöglichkeiten zu bieten. Dies erhöht die Reichweite und verbessert die Kundenerfahrung.

Vorteile:

- Erhöhte Reichweite und Flexibilität für Kunden.
- Diversifizierung der Vertriebskanäle reduziert das Risiko.
- Verbesserte Kundenerfahrung durch mehrere Kaufoptionen.

Nachteile:

- Höhere Komplexität und Kosten für die Verwaltung mehrerer Vertriebskanäle.
- Potenzielle Konflikte zwischen den Kanälen (z.B. Preisunterschiede).

Omni-Channel-Vertrieb

Der Omni-Channel-Vertrieb geht einen Schritt weiter als der Multi-Channel-Vertrieb, indem er eine nahtlose Integration aller Vertriebskanäle anstrebt. Kunden können beispielsweise online einkaufen und die Ware im Geschäft abholen oder umgekehrt. Dies sorgt für ein konsistentes und einheitliches Einkaufserlebnis.

Vorteile:

- Nahtloses und konsistentes Einkaufserlebnis für Kunden.
- Erhöhte Kundenzufriedenheit und -bindung.
- Bessere Datenerfassung und -analyse über alle Kanäle hinweg.

Nachteile:

- Hohe Implementierungskosten und technologische Anforderungen.
- Komplexe Integration und Koordination der verschiedenen Kanäle.

Franchising

Beim Franchising vergibt ein Unternehmen Lizenzen an unabhängige Unternehmer, die unter dem Markennamen des Unternehmens Geschäfte betreiben. Dies ermöglicht eine schnelle Expansion und reduziert das finanzielle Risiko für das Unternehmen.

Vorteile:

- Schnelle Expansion mit geringem finanziellem Risiko.
- Nutzung des lokalen Wissens und der Ressourcen der Franchisenehmer.
- Stabile Einnahmequelle durch Franchisegebühren.

Nachteile:

- Weniger Kontrolle über die Markenführung und den Betrieb der Franchisenehmer.
- Potenzielle Konflikte und rechtliche Probleme mit Franchisenehmern.

E-Commerce

Der Online-Verkauf über eigene Websites oder Plattformen wie Amazon und eBay ist eine wichtige Vertriebsstrategie im modernen Handel. E-Commerce bietet den Vorteil, rund um die Uhr verfügbar zu sein und eine globale Reichweite zu haben.

Vorteile:

- Rund-um-die-Uhr-Verfügbarkeit und globale Reichweite.
- Niedrigere Betriebskosten im Vergleich zu physischen Geschäften.
- Personalisierte Angebote und Marketing durch Datenanalyse.

Nachteile:

- Hoher Wettbewerb und Preisdruck im Online-Markt.
- Logistik- und Versandkosten können hoch sein.
- Sicherheits- und Datenschutzbedenken.

Mobile Commerce

Der Verkauf über mobile Endgeräte wie Smartphones und Tablets gewinnt zunehmend an Bedeutung. Mobile Commerce ermöglicht es Kunden, jederzeit und überall einzukaufen, und bietet Unternehmen die Möglichkeit, personalisierte Angebote zu machen.

Vorteile:

- Bequemlichkeit für Kunden, jederzeit und überall einzukaufen.
- Möglichkeit für personalisierte und standortbasierte Angebote.
- Schnelle und einfache Zahlungsmethoden.

Nachteile:

- Technologische Anforderungen und Kosten für die Entwicklung mobiler Anwendungen.
- Sicherheits- und Datenschutzbedenken bei mobilen Transaktionen.
- Begrenzte Bildschirmgröße kann die Benutzererfahrung beeinträchtigen.

Social Commerce

Der Verkauf über soziale Medien wie Facebook, Instagram und Pinterest nutzt die Reichweite und Interaktivität dieser Plattformen, um Produkte zu bewerben und direkt zu verkaufen. Social Commerce fördert die Kundenbindung und ermöglicht es, gezielte Marketingkampagnen durchzuführen.

Vorteile:

- Nutzung der Reichweite und Interaktivität sozialer Medien.
- Direkte Kundenansprache und -bindung.
- Möglichkeit für virales Marketing und Empfehlungen.

Nachteile:

- Abhängigkeit von den Plattformen und deren Algorithmen.
- Potenzielle negative Auswirkungen durch schlechte Bewertungen oder Kommentare.
- Datenschutz- und Sicherheitsbedenken.

Affiliate-Marketing

Beim Affiliate-Marketing arbeiten Unternehmen mit Partnern zusammen, die ihre Produkte auf deren Websites bewerben. Die Partner erhalten eine Provision für jeden Verkauf, der über ihre Empfehlung zustande kommt. Dies erweitert die Reichweite und kann die Vertriebskosten senken.

Vorteile:

- Erweiterung der Reichweite durch Partnernetzwerke.
- Erfolgsbasierte Kostenstruktur (Provisionen nur bei Verkäufen).
- Geringes finanzielles Risiko und niedrige Einstiegskosten.

Nachteile:

- Abhängigkeit von der Leistung der Partner.
- Potenzielle Konflikte und Missbrauch durch unehrliche Partner.
- Schwierige Kontrolle und Überwachung der Partneraktivitäten.

Dropshipping

Beim Dropshipping verkauft das Unternehmen Produkte, die es nicht selbst auf Lager hat. Stattdessen werden die Produkte direkt vom Lieferanten an den Kunden versendet. Dies reduziert die Lagerkosten und das finanzielle Risiko.

Vorteile:

- Geringe Lagerkosten und minimales finanzielles Risiko.
- Breites Produktsortiment ohne eigene Lagerhaltung.
- Flexibilität und Skalierbarkeit des Geschäftsmodells.

Nachteile:

- Geringere Gewinnmargen aufgrund von Lieferantenkosten.
- Weniger Kontrolle über den Versand und die Produktqualität.
- Abhängigkeit von den Lieferanten und deren Zuverlässigkeit.

Direkter Vertriebsweg:
Filialen, Geschäfte im Präsenzhandel. Eigener Onlineshop, Social-Media oder eigener Versandhandel.

Indirekten Vertriebsweg:
Vertrieb über Stufen wie Großhandel, Zwischenhändler oder Wiederverkäufer, Franchise-System, Vermittler, Agenturen oder Makler.

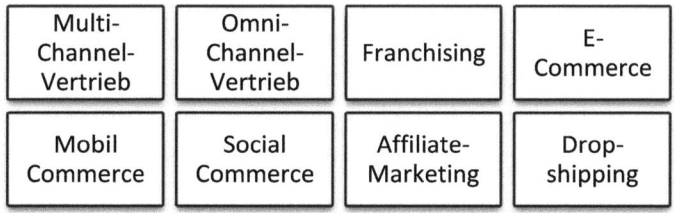

Multi-Channel-Vertrieb	Omni-Channel-Vertrieb	Franchising	E-Commerce
Mobil Commerce	Social Commerce	Affiliate-Marketing	Drop-shipping

Abbildung 34: Vertriebsausprägungen

8.   Kundenmanagement

Kundenmanagement ist entscheidend, um langfristige Kundenbeziehungen aufzubauen und die Kundenzufriedenheit zu erhalten. Es stützt sich auf Daten und Analysen von Kundendaten,
womit unternehmerische Ressourcen besser genutzt und Kun-
denstörungen frühzeitig erkannt werden. Personalisierte Angebote verbessern ergänzend das Kundenerlebnis. Die Ziele des
Kundenmanagements sind:

- Erhöhung der Kundenzufriedenheit durch maßgeschnei-
derte Angebote und hohen Service.
- Steigerung der Kundenbindung durch Aufbau langfristiger
Beziehungen und Wiederkäufe (Stammkunden).
- Umsatzsteigerung als Wirkung.
- Aufbau eines positiven Markenimages.

Im Handelswesen bezieht sich das Kundenmanagement auf Aktivitäten, die darauf abzielen, Kunden zu gewinnen, zu binden
und langfristig Kundenbeziehungen zu pflegen. Es steht im Mittelpunkt einer kundenorientierten Unternehmensorientierung
und zielt auf die Maximierung der Zufriedenheit und Loyalität
der Kunden. Mit der Zielorientierung langfristige und profitable
Beziehungen aufzubauen, umfasst es die Identifikation, Akquisition, Bindung und Entwicklung von Kunden. Zentrale Aspekte
des Kundenmanagements sind wie folgend dargestellt:

- Kundenidentifikation: Potenzielle Kunden identifizieren
und verstehen, wer die Zielgruppe ist. Die Durchführung erfolgt mittels Marktforschung und Datenanalysen.
- Kundenakquisition: Mit dem Ziel neue Kunden zu gewinnen,
werden Marketingkampagnen, Werbung, Promotion und

Sonderangebote angeboten. Potenzielle Kundengruppen lassen sich mittels Zielgruppenanalyse und Marktforschung identifizieren.

- Kundenbindung: Die Loyalität bestehender Kunden zu stärken und erhalten, wird bspw. durch Treueprogramme, Bonuskarten, personalisierte Angebote, exzellenten Kundenservice und regelmäßige Kundenkommunikation vollzogen. Individuelle Angebote und Rabatte, die auf die Bedürfnisse der bestehenden Kunden zugeschnitten sind, fördern ebenfalls die Bindung.
- Kundenentwicklung: Zusätzlich bietet es die Chance, den Wert einer bestehenden Kundenbindung zu erhöhen. Dazu gehört bspw. das Cross-Selling, Up-Selling, dem Kunden maßgeschneiderte Produkte anzubieten.

Die Kundenbetreuung stellt einen ansprechenden Kundenservice durch Beratung, die den Kunden bei der Produktauswahl, vor, während und nach dem Kauf unterstützt, dar. Dies beinhaltet einen freundlichen und kompetenten Umgang sowie einen professionellen Kundenkontakt.

Ein bestehendes Beschwerdemanagement sowie eine reibungslose Handhabung von Umtausch und Retouren zeugen von einem freundlichen und professionellen Umgang mit Beschwerden und Rückgaben und sichern die Kundenzufriedenheit.

Daten, Daten, Daten ... Umfragen, Feedback-Formulare, Social Media Monitoring und Datenanalyse ergänzen das Kundenmanagement durch faktenbasiertes Kundenfeedback und -analyse. Dies ermöglicht ein besseres Verständnis der Kundenbedürfnisse und -zufriedenheit und schafft Ansatzpunkte zur Verbesserung. Hierfür werden IT-Systeme des Customer-

Relationship-Managements (CRM) zur Speicherung und Analyse von Kundendaten verwendet.

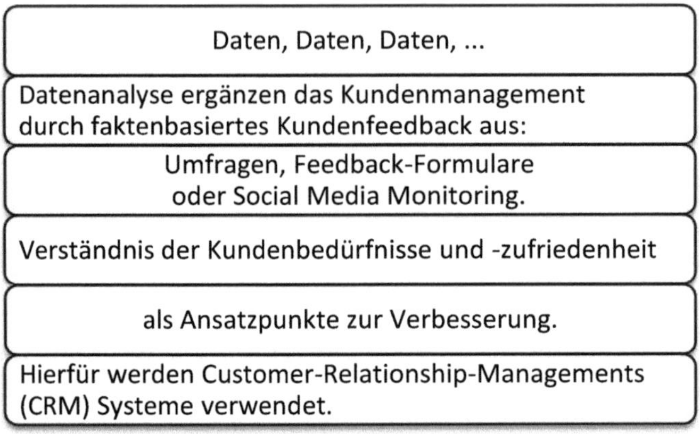

Daten, Daten, Daten, ...
Datenanalyse ergänzen das Kundenmanagement durch faktenbasiertes Kundenfeedback aus:
Umfragen, Feedback-Formulare oder Social Media Monitoring.
Verständnis der Kundenbedürfnisse und -zufriedenheit
als Ansatzpunkte zur Verbesserung.
Hierfür werden Customer-Relationship-Managements (CRM) Systeme verwendet.

Abbildung 35: Datenrelevanz

8.1. Identifikation

Die Kundenidentifikation spielt eine zentrale Rolle im Kundenmanagement, mit dem Ziel potenzielle neue Kunden zu identifizieren, die Interesse an den Produkten oder Dienstleistungen des Unternehmens haben.

Dazu gilt es, deren Verhalten zu analysieren, um die Bedürfnisse zu verstehen. Dies ermöglicht die Entwicklung gezielter Marketingstrategien, die auf die spezifischen Anforderungen der Kunden abgestimmt sind. Durch diese präzise Kundenidentifikation können Unternehmen ihre Ressourcen wirkungsvoll einsetzen, sie erhöhen die Erfolgsquote ihrer Marketingmaßnahmen und bauen langfristig profitable Kundenbeziehungen auf.

Methodisch werden folgende Instrumente zur Unterstützung der Analyse eingesetzt:

- Marktforschung: Mittels Umfragen, Interviews und Fokusgruppen können Unternehmen Informationen über das Verhalten und die Bedürfnisse ihrer Zielgruppe sammeln.
- Datenanalyse: Analyse von bestehenden Kundendaten oder Kassendaten, um Muster und Trends zu erkennen, die auf potenzielle Kunden hinweisen.
- Segmentierung: Aufteilung des Marktes in verschiedene Segmente, basierend auf demografischen, geografischen, psychografischen und verhaltensbezogenen Kriterien. Damit lassen sich Marketingstrategien gezielt auf die Bedürfnisse der einzelnen Segmente einstellen.

Mit dem Durchlaufen der nachfolgend beschriebenen Vorgehensweise werden Vorteile, wie nachfolgend skizziert, erbracht:

- Gezielte Ansprache: Unternehmen können ihre Marketing- und Vertriebsstrategien auf die Bedürfnisse und Präferenzen der identifizierten Zielgruppen abstimmen.
- Effiziente Ressourcennutzung: Durch die Fokussierung auf potenzielle Kunden können Marketing- und Vertriebsressourcen effizient eingesetzt werden.
- Höhere Erfolgsquote: Eine präzise Identifikation erhöht die Wahrscheinlichkeit, dass Marketing- und Vertriebsmaßnahmen erfolgreich sind.

8.2. Akquisition

Die Akquisition von Kunden im Kundenmanagement bezieht sich auf alle Aktivitäten, die darauf abzielen, neue Kunden zu gewinnen. Die Akquisition von Kunden ist ein zentraler Bestandteil des Kundenmanagements und erfordert eine sorgfältige Planung und Umsetzung, um, im Hinblick auf das Wachstum des Unternehmens erfolgreich zu sein. Hier sind die wichtigsten Ziele der Kundenakquisition.

- Erweiterung des Kundenstamms: Neue Kunden zu gewinnen, um den Kundenstamm zu vergrößern und die Marktpräsenz zu erhöhen.

- Umsatzsteigerung: Durch die Gewinnung neuer Kunden den Umsatz und die Einnahmen des Unternehmens zu steigern.

- Markenbekanntheit: Die Bekanntheit der Marke zu erhöhen und das Unternehmen in neuen Märkten und Zielgruppen zu etablieren.

- Wettbewerbsvorteil: Einen Vorteil gegenüber der Konkurrenz zu erlangen, indem man schneller und effektiver neue Kunden gewinnt.

- Diversifizierung: Das Kundenportfolio zu diversifizieren, um das Risiko zu minimieren und die Abhängigkeit von einzelnen Kundengruppen zu reduzieren.

Auf der anderen Seite sind zur Umsetzung auch nachfolgende Hindernisse und Herausforderungen zu meistern, wie:

- Datenqualität: Die Genauigkeit und Aktualität der Daten sind entscheidend für die erfolgreiche Identifikation.

- Komplexität: Die Analyse und Segmentierung von Kundendaten können komplex und zeitaufwendig sein.

- Datenschutz: Unternehmen müssen sicherstellen, dass sie die Datenschutzbestimmungen einhalten und die Privatsphäre der Kunden respektieren.

Diese Gründe verdeutlichen, warum die Akquisition ein zentraler Bestandteil des Kundenmanagements und des Handels ist.

Mit dem Ziel, neue Kunden zu gewinnen, werden Marketing-kampagnen, Werbung, Promotion und Sonderangebote ausge-arbeitet. Methodisch werden bspw. folgende Instrumente zur Unterstützung der Analyse eingesetzt:

- Marketingkampagnen: Durch gezielte Werbung in verschie-denen Medien (Online, Print, TV) werden potenzielle Kun-den auf das Unternehmen aufmerksam gemacht.
- Lead-Generierung: Identifikation und Ansprache von Inte-ressenten, die potenziell zu Kunden werden könnten, z.B. durch Online-Formulare, Messen oder Webinare.
- Empfehlungsmarketing: Bestehende Kunden werden ermu-tigt, das Unternehmen weiterzuempfehlen, oft durch An-reize wie Rabatte oder Prämien.
- Content-Marketing: Erstellung und Verbreitung von wert-vollen Inhalten (Blogs, Videos, Whitepapers), die potenzi-elle Kunden anziehen und informieren.
- Social Media Marketing: Nutzung von sozialen Netzwerken, um mit potenziellen Kunden in Kontakt zu treten und das Interesse an den Produkten oder Dienstleistungen zu we-cken.

8.3. Bindung

Kundenbindung ist ein zentraler Bestandteil des Kundenmana-gements und setzt darauf, die Loyalität bestehender Kunden zu stärken und zu erhalten.

Nachfolgend sind die wesentlichen Aspekte der Zielsetzung zur Kundenbindung ausgeführt:

- Langfristige Beziehungen zu bestehenden Kunden aufbauen und pflegen, um wiederholte Käufe und Empfehlungen zu fördern.
- Erhöhung der Kundenzufriedenheit: Zufriedene Kunden sind loyaler und neigen dazu, wiederholt bei einem Unternehmen zu kaufen.
- Steigerung des Umsatzes: Bestandskunden generieren oft mehr Umsatz als Neukunden, da sie dem Unternehmen vertrauen und häufiger kaufen.
- Reduzierung der Akquisitionskosten: Die Kosten für die Kundenbindung sind in der Regel niedriger als die Kosten für die Neukundengewinnung.
- Förderung der Mundpropaganda: Zufriedene Kunden empfehlen das Unternehmen weiter, was zu neuen Kunden führen kann.
- Langfristige Kundenbeziehungen (Stammkunden): Durch die Bindung von Kunden können langfristige und profitable Handelsbeziehungen aufgebaut werden.

Kundenbindung ist im Kundenmanagement aus mehreren Gründen für den Handel notwendig:

- Kostenersparnis: Es ist kostengünstiger, bestehende Kunden zu halten, als neue Kunden zu gewinnen. Die Akquisitionskosten für Neukunden sind oft höher als die Kosten für Maßnahmen zur Kundenbindung.
- Erhöhte Umsätze: Bestandskunden neigen dazu, häufiger und in größeren Mengen zu kaufen. Sie sind mit dem Unternehmen vertraut und schätzen die Produkte oder Dienstleistungen.
- Positive Mundpropaganda: Zufriedene Kunden empfehlen das Unternehmen weiter, was zu neuen Kunden führen kann. Mundpropaganda ist eine der effektivsten und kostengünstigsten Formen des Marketings.

- Wettbewerbsvorteil: Eine starke Kundenbindung kann das Unternehmen von der Konkurrenz abheben. Loyalität und Vertrauen der Kunden sind schwer zu kopieren und bieten einen nachhaltigen Wettbewerbsvorteil.
- Langfristige Planung: Durch die Bindung von Kunden kann das Unternehmen besser planen und strategische Entscheidungen treffen. Stabile Kundenbeziehungen bieten eine verlässliche Grundlage für zukünftiges Wachstum.

Die Ursachen für die Notwendigkeit der Kundenbindung liegen also in der Kostenersparnis, Umsatzsteigerung, positiven Mundpropaganda, dem Wettbewerbsvorteil und der Möglichkeit zur langfristigen Planung.

Auf der anderen Seite sind zur Umsetzung auch nachfolgende Hindernisse und Herausforderungen zu meistern, wie:

- Datenmanagement: Die Sammlung und Analyse von Kundendaten erfordern technologische Ressourcen und Fachwissen.
- Personalisierung: Die Erstellung individueller Angebote kann komplex und zeitaufwendig sein.
- Kundenerwartungen: Kunden haben hohe Erwartungen an den Service und die Qualität der Produkte, die kontinuierlich erfüllt werden müssen.

Methodisch werden folgende Instrumente zur Unterstützung der Analyse eingesetzt:

- Treueprogramme: Kunden sammeln Punkte oder Prämien für wiederholte Käufe, die später gegen Produkte oder Dienstleistungen eingetauscht werden können.
- Personalisierte Angebote: Individuell zugeschnittene Angebote und Rabatte basierend auf den Vorlieben und dem Kaufverhalten der Kunden.

- Exzellenter Kundenservice: Schnelle und effektive Lösung von Kundenanfragen und -problemen, um die Zufriedenheit zu erhöhen.
- Regelmäßige Kommunikation: Newsletter, E-Mails und Social Media, um Kunden über Neuigkeiten, Angebote und Veranstaltungen zu informieren.
- Kundenfeedback: Einholen und Auswerten von Kundenmeinungen, um Produkte und Dienstleistungen kontinuierlich zu verbessern.

8.4. Kundenentwicklung

In der Kundenentwicklung des Kundenmanagements gilt es, den Wert einer bestehenden Kundenbindung zu erhöhen. Kundenentwicklung ist entscheidend, um den Umsatz pro Kunde zum Unternehmen zu erhöhen und ihre geschäftliche Beziehung zum Unternehmen zu vertiefen.

Die Ziele der Kundenentwicklung im Kundenmanagement sind:

- Erhöhung des Kundenwerts: Durch Cross-Selling und Up-Selling lässt sich der Umsatz pro Kunde steigern.
- Verbesserung der Kundenzufriedenheit: Individuelle Bedürfnisse und Wünsche der Kunden gilt es, besser als andere Marktbegleiter zu erfüllen.
- Stärkung der Kundenbindung: Langfristige und profitable Beziehungen zu bestehenden Kunden aufbauen und pflegen.
- Effiziente Ressourcennutzung: Bestehende Kunden weiterzuentwickeln ist oft wirtschaftlicher als die Akquisition neuer Kunden.

- Erhöhung der Rentabilität: Durch gezielte Maßnahmen den Gesamtumsatz und -wert aus den Kundenbeziehungen zu maximieren.

Auf der anderen Seite sind zur Umsetzung auch nachfolgende Hindernisse und Herausforderungen zu meistern, wie:

- Datenmanagement: Die Sammlung und Analyse von Kundendaten erfordern technologische Ressourcen und Fachwissen.
- Personalisierung: Die Erstellung individueller Angebote kann komplex und zeitaufwendig sein.
- Kundenerwartungen: Kunden haben hohe Erwartungen an den Service und die Qualität der Produkte, die kontinuierlich erfüllt werden müssen.

Der wesentliche Zweck und das Ziel einer Kundenentwicklung ist, den Umsatz und die Rentabilität durch bestehende Kunden zu steigern, indem deren Kundenbedürfnisse besser erfüllt werden und zusätzliche Produkte oder Dienstleistungen angeboten und dem Kunden verkauft werden.

Das Thema Kundenentwicklung wird durch die Weiterentwicklung der Märkte, Produkte und Marktteilnehmer angetrieben.

- Wettbewerbsdruck: In einem wettbewerbsintensiven Markt ist es wichtig, bestehende Kunden zu halten und deren Wert zu maximieren.
- Technologische Fortschritte: Moderne CRM-Systeme und Datenanalyse-Tools ermöglichen eine präzisere und effektivere Kundenansprache und -entwicklung.
- Verändertes Kundenverhalten: Kunden erwarten heute personalisierte Angebote und maßgeschneiderte Dienstleistungen.

- Marktsättigung: In gesättigten Märkten ist es schwieriger und teurer, neue Kunden zu gewinnen, als bestehende Kunden weiterzuentwickeln.
- Langfristige Planung: Stabile und profitable Kundenbeziehungen bieten eine verlässliche Grundlage für zukünftiges Wachstum und strategische Entscheidungen.

Methodisch werden folgende Instrumente zur Unterstützung der Analyse eingesetzt:

- Cross-Selling: Kunden werden zusätzliche, ergänzende Produkte oder Dienstleistungen angeboten, die zu ihren bisherigen Käufen passen.
- Up-Selling: Kunden werden höherwertige oder teurere Versionen der Produkte oder Dienstleistungen angeboten, die sie bereits nutzen.
- Personalisierte Angebote: Individuell zugeschnittene Angebote basierend auf dem Kaufverhalten und den Präferenzen der Kunden.
- Kundenfeedback und -analyse: Regelmäßiges Einholen und Auswerten von Kundenfeedback, um deren Bedürfnisse und Wünsche besser zu verstehen und darauf einzugehen.
- Treueprogramme: Programme, die Kunden für wiederholte Käufe belohnen und Anreize für zusätzliche Käufe bieten.

9.   Supply Chain Management

Die Supply Chain (SC) umfasst die gesamte Wertschöpfungskette, von der Beschaffung über die Produktion und Distribution bis hin zur Rückführung und Verwertung. Durch die übergreifende Koordination dieser Teilprozesse können Kosten gesenkt, Lieferzeiten verkürzt und die Zufriedenheit erhöht werden. Moderne Supply Chain Management (SCM) Ansätze setzen auf Digitalisierung und Automatisierung, um schnell, transparent und flexibel zu reagieren.

Supply Chain Management (SCM) vollzieht die Planung, Steuerung und Überwachung aller Aktivitäten entlang der Wertschöpfungskette (SC), vom Rohstofflieferanten bis zum Endkunden. Ziel ist es, den Material-, Informations- und Geldfluss optimal zu koordinieren, um Kosten, Effizienz, Flexibilität und Zufriedenheit zu maximieren.

Die Grundelemente der Supply Chain sind:

- Beschaffungslogistik (Procurement) mit dem Ziel der Sicherstellung der Versorgung mit Rohstoffen, Materialien und Komponenten.
- Produktionslogistik (Manufacturing) mit dem Ziel der wirtschaftlichen und effizienten Herstellung von Produkten.
- Distributionslogistik (Logistics) mit dem Ziel der Optimierung des Lieferkettennetzwerks, der Gewährleistung eines reibungslosen physischen Warenflusses inkl. Informationssatz mittels Einsatzes moderner Technologien wie Track-and-Trace-Systemen entlang der Lieferkette.
- Entsorgungslogistik (Reverse Logistics) hat das Hauptziel, Produkte zur Wiederverwertung, Reparatur oder Entsorgung in die Kreislaufwirtschaft zurückzuführen. Dabei steht

die umweltgerechte und wirtschaftliche Bewegung von Abfällen, Reststoffen und nicht mehr benötigten Produkten im
Vordergrund

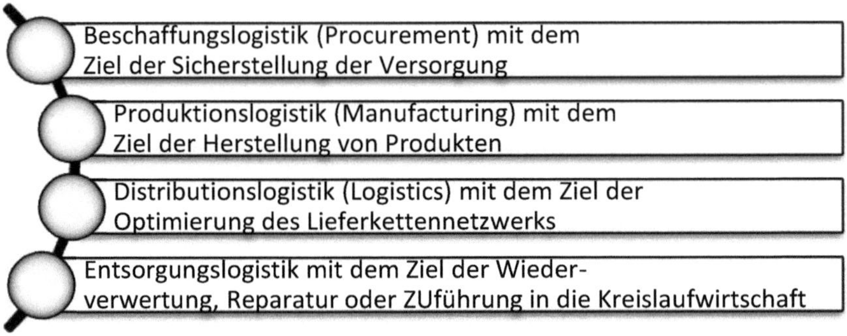

Beschaffungslogistik (Procurement) mit dem
Ziel der Sicherstellung der Versorgung

Produktionslogistik (Manufacturing) mit dem
Ziel der Herstellung von Produkten

Distributionslogistik (Logistics) mit dem Ziel der
Optimierung des Lieferkettennetzwerks

Entsorgungslogistik mit dem Ziel der Wiederverwertung, Reparatur oder ZUführung in die Kreislaufwirtschaft

Abbildung 36: Supply Chain Grundelemente

9.1. Aufgaben

Die Supply Chain im Einzelhandel erstreckt sich weit über die
Ladenregale hinaus. Sie umfasst sämtliche Prozesse, die von
der Beschaffung der Waren bis zur Auslieferung oder Bereitstellung an den Endkunden reichen. Historisch gesehen waren
diese Prozesse lange fragmentiert, doch das Supply Chain Management integriert diese, durch die heutigen IT-Technologien
zu einem transparenten und nahtlosen Netzwerk. Dies ermöglicht eine optimierte Koordination zwischen Lieferanten, Herstellern, Händlern, was dem Konsumenten letztendlich zugute-
kommt.

Gerade, weil die Handelswelt dem Wandel unterliegt, nimmt
die Führung und Verwaltung von Lieferketten eine entscheidende Rolle ein. Somit hat sich das Supply-Chain-Management
immer mehr zu einem unverzichtbaren Instrument weiterentwickelt, um den Herausforderungen des modernen Handels zu

begegnen. Die wichtigsten Aufgaben des Supply Chain Managements (SCM) im Handel umfassen:

- Effiziente physische Lagerhaltung und Transport der Waren vom Lieferanten zum Lager und vom Lager zum Verkaufsort oder direkt zum Kunden.
- Koordination der Prozesslandschaft Beschaffung, Produktion, Distribution und Entsorgung, um die Effizienz zu maximieren und die Lieferzeiten zu minimieren.
- Sicherstellung, dass die richtigen Produkte zur richtigen Zeit am richtigen Ort verfügbar sind.
- Überwachung und Sicherstellung der Erhaltung der Qualität der Produkte entlang der gesamten Lieferkette.
- Identifikation und Minimierung von Risiken in der Lieferkette.
- Sicherstellung, dass die Lieferkette umweltfreundlich und sozial verantwortlich ist.
- Weiterentwicklung der Daten- und IT-System Nutzung, der online Vernetzung sowie Erstellung von logistischen Kennzahlen.

9.2. Ziele

Die Supply Chains im Handel sind vielfältig, global verteilt, in verschiedensten Medien vorhanden und nutzen vielfältige Transportwege. Grundsätzlich wird die Ware und Information bewegt, was die Identifikation und Planung erst ermöglicht. Dies trägt dazu bei, die Effizienz, Flexibilität und Wettbewerbsfähigkeit eines Unternehmens im Handel zu steigern. Nachfolgend sind die Ziele des Supply Chain Managements ausgeführt.

- Effizienzsteigerung: Optimierung der Prozesse entlang der gesamten Lieferkette, um Kosten zu senken und die Produktivität zu erhöhen.
- Kundenzufriedenheit: Sicherstellung, dass die richtigen Produkte zur richtigen Zeit am richtigen Ort in der richtigen Qualität und Menge verfügbar sind, um die Bedürfnisse der Kunden zu erfüllen.
- Flexibilität: Schnelle Anpassung an Marktveränderungen und Kundenbedürfnisse, um wettbewerbsfähig zu bleiben.
- Risikomanagement: Identifikation und Minimierung von Risiken in der Lieferkette, um Unterbrechungen und Engpässe zu vermeiden.
- Nachhaltigkeit: Implementierung umweltfreundlicher und sozial verantwortlicher Praktiken entlang der Lieferkette, um die Nachhaltigkeit zu fördern.

Häufig wird die Frage nach der Supply Chain mit Verweis auf den Ansatz der „vier R" beantwortet. Der Logistikexperte Reinhardt Jünemann gilt als geistiger Erfinder dieser 4-R-Werte. Der Ansatz bestand darin, den ursprünglichen logistischen Auftrag mit den ursprünglich vier R und später sechs R der Logistik zu beschreiben, denn grundsätzlich muss das Richtige von A nach B kommen.

Die ersten vier R-Werte lauteten:

- Richtiges Produkt - sicherstellen, dass es sich um das richtige Produkt handelt und verfügbar ist.
- Richtige Qualität - sicherstellen, dass die Produkte die erwartete Qualität und Standards erfüllen.
- Richtige Zeit - sicherstellen, dass die Produkte zur richtigen Zeit verfügbar sind.

- Richtiger Ort - sicherstellen, dass die Produkte am richtigen Ort verfügbar sind.

Die Weiterentwicklung der vier R erfolgte auf den Ansatz der sechs R wie folgt:

- Richtige Menge - sicherstellen, dass die richtige Menge an Produkten verfügbar ist.

- Richtige Kosten - sicherstellen, dass die Sendung in den richtigen Kosten verfügbar ist.

Die vier oder sechs R´s sind zentrale Prinzipien im Supply Chain und der Logistik. Sie stellen sicher, dass die Waren kundenorientiert und effektiv entlang der gesamten Lieferkette bewegt werden.

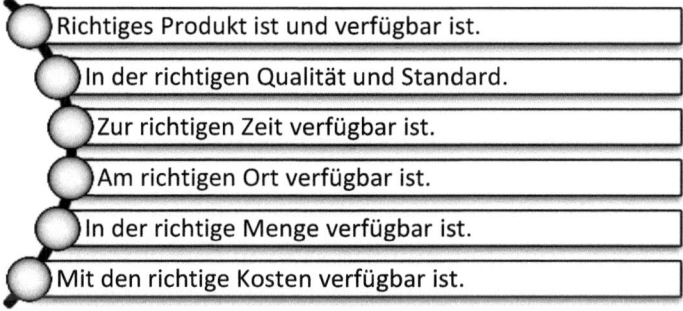

Abbildung 37: Ziele der Supply Chain

9.3. Beschaffungslogistik

Die Beschaffung befasst sich maßgeblich mit der Sicherstellung der termingerechten Beschaffung von Waren und der Auswahl und Koordination von Lieferanten. Sie umfasst alle beschaffungsrelevanten Aktivitäten, die mit der Beschaffung und

Bestellabwicklung vom Lieferanten bis zum Bestimmungsort notwendig sind.

Das Beschaffungsmanagement und das Lieferantenmanagement sind Schlüsselbereiche im Einzelhandel, die entscheidend dazu beitragen, Einkaufspreise, Waren- und Finanzflüsse zu optimieren und die unternehmerische Wettbewerbsfähigkeit zu steigern. Die Beschaffungslogistik spielt eine zentrale Rolle im Supply Chain Management (SCM).

Für detaillierte Informationen und weiterführende Details wird der Leser auf Kapitel 6, Beschaffungsmanagement, in diesem Buch verwiesen.

9.4. Produktionslogistik

Produktion bezeichnet den Prozess der Herstellung von Gütern und Dienstleistungen. Dabei werden Ressourcen wie Rohstoffe, Arbeitskraft, Maschinen und Technologien eingesetzt, um Produkte zu erzeugen, die den Bedürfnissen und Wünschen der Verbraucher entsprechen. Produktion ist ein zentraler Bestandteil der Wertschöpfungskette und trägt maßgeblich zur wirtschaftlichen Entwicklung und Wertschöpfung bei.

Die Produktion umfasst folgende Prozessschritte:

- Festlegung der Produktionsziele, Ressourcenplanung und Erstellung von Produktionsplänen.
- Bereitstellung der benötigten Rohstoffe und Materialien.
- Umwandlung der Rohstoffe in fertige Produkte (Halbwaren, Fertigwaren oder Baugruppen) durch verschiedene Produktionsverfahren.

- Überprüfung der fertigen Produkte auf Einhaltung der Qualitätsstandards.
- Lagerung der fertigen Produkte und deren Transport zu den Verkaufsstellen oder direkt zu den Kunden.

Das Ziel der Produktionslogistik ist es, den Materialfluss und die Informationsflüsse innerhalb des Werkes effizient durchzuführen. Hier sind die Hauptziele im Detail:

- Sicherstellung der Materialverfügbarkeit: Gewährleistung, dass alle benötigten Materialien und Komponenten zur richtigen Zeit am richtigen Ort verfügbar sind, um Produktionsunterbrechungen zu vermeiden.
- Optimierung der Produktionsprozesse: Effiziente Gestaltung und Steuerung der Produktionsprozesse und -fortschritts, um die Durchlaufzeiten zu minimieren und die Produktivität zu maximieren.
- Kostenreduktion: Minimierung der Lager- und Transportkosten durch optimale Planung und Steuerung der Materialflüsse.
- Qualitätssicherung: Sicherstellung, dass die Materialien und Produkte den geforderten Qualitätsstandards entsprechen, um Ausschuss und Nacharbeit zu reduzieren.
- Flexibilität: Anpassungsfähigkeit der Produktionsprozesse an wechselnde Kundenanforderungen.

Die Produktionslogistik spielt im Handel eine weniger zentrale Rolle als in der Fertigungsindustrie, da der Handel hauptsächlich auf den Vertrieb und Verkauf von Produkten fokussiert ist, anstatt auf deren Herstellung. Nachfolgend sind die Ursachen und Gründe ausgeführt, welche dies untermauern:

- Fokus auf Vertrieb und Verkauf: Im Handel liegt der Schwerpunkt auf dem Einkauf, der Lagerung und dem Verkauf von Produkten, nicht auf deren Produktion.

- Externe Beschaffung: Handelsunternehmen beziehen ihre Produkte in der Regel von externen Lieferanten oder Herstellern, wodurch die Produktion und Produktionslogistik ausgelagert sind.

- Geringere Produktionsprozesse: Handelsunternehmen haben in der Regel keine oder nur sehr gering ausgeprägte eigene Produktionsprozesse, wodurch die Produktionslogistik nicht relevant ist.

Obwohl die Produktionslogistik im Handel eine untergeordnete Rolle spielt, ist sie dennoch wichtig für die Hersteller, die die Produkte liefern. Handelsunternehmen profitieren von einer effizienten Produktionslogistik ihrer Lieferanten, da sie dadurch qualitativ hochwertige und kostengünstige Produkte erhalten.

Aus den vorstehend genannten Gründen wird an dieser Stelle auf weitere Ausführungen verzichtet.

9.5. Distributionslogistik

Die Distributionslogistik wird auch als Absatzlogistik bezeichnet. Beide Begriffe beziehen sich auf die Planung, Steuerung und Kontrolle des Warenflusses zum Kunden. Die Distributionslogistik spielt eine zentrale Rolle im Handel, da sie den effizienten Fluss von Waren sicherstellt. Bei den Hauptaufgaben und -funktionen der Distributionslogistik handelt es sich um:

- Sicherstellung der Produktverfügbarkeit: Gewährleistung, dass die Produkte am richtigen Ort in der richtigen Qualität und in der richtigen Menge verfügbar sind, um die

Nachfrage der Kunden zu erfüllen. Die Vermeidung von Lieferengpässen zur Sicherstellung der Kundenzufriedenheit ist als Begründung anzusehen.

- Kosteneffizienz: Optimierung der Transport- und Lagerkosten, um die Gesamtkosten der Distribution zu minimieren. Der Ansatz einer Maximierung der Rentabilität liefert die Begründung.

- Lieferzuverlässigkeit: Sicherstellung, dass die Produkte pünktlich beim Kunden ankommen, ebenso wie die Vorhaltung eines hohen Serviceniveaus in Form der schnellen und zuverlässigen Lieferung. Es dient und fördert die Pflege langfristiger Kundenbeziehungen (Stammkunden) mittels hoher Lieferzuverlässigkeit.

- Flexibilität: Befähigung, schnell auf Marktveränderungen und Kundenanforderungen zu reagieren. Der Markt überträgt die Kundenanforderungen auf die Lieferkette, sodass das Distributionssystem anpassungsfähig und reaktionsschnell ist.

- Optimierung der Lagerbestände: Wirtschaftliche Verwaltung der Lagerbestände, um Überbestände und Fehlmengen zu vermeiden, mit dem Ziel der Reduzierung der Lagerhaltungskosten.

- Nachhaltigkeit[22]: Implementierung umweltfreundlicher Praktiken in der Distribution, um die Umweltbelastung zu

---

[22] Anmerkung: Die Diskussion über Nachhaltigkeit in der Distribution hat in den letzten Jahrzehnten erheblich an Bedeutung gewonnen. Ein wichtiger Meilenstein war das Jahr 1987, als die Brundtland-Kommission ihr Abschlussdokument "Unsere gemeinsame Zukunft" veröffentlichte und das Konzept der nachhaltigen Entwicklung vorstellte. Seitdem hat sich der Begriff der Nachhaltigkeit in vielen Bereichen, einschließlich der Distribution, etabliert. In den 1990er Jahren begann die Diskussion über nachhaltige Praktiken in der Distribution intensiver zu werden, insbesondere im Zusammenhang mit der wachsenden Besorgnis über Umweltprobleme und die

minimieren. Diese Förderung der Nachhaltigkeit verbessert das Unternehmensimage.

In der Distributionslogistik werden verschiedene Methoden und Techniken angewendet, um den Material- und Informationsfluss effizient zu gestalten. IT-Informationssysteme in der Distribution spielen eine zentrale Rolle bei der Verwaltung und Optimierung der Lieferkettenprozesse. Nachfolgend sind die wichtigsten Methoden oder Techniken ausgeführt:

Lagerhaltungstechniken[23]:

- Zentrale Lagerhaltung: Alle Produkte werden an einem zentralen Standort gelagert, was die Verwaltung und Kontrolle erleichtert.
- Dezentrale Lagerhaltung: Produkte werden an mehreren Standorten gelagert, um die Lieferzeiten zu verkürzen und die Kundennähe zu erhöhen.

Bestandsmanagement:

- Just-in-Time (JIT): Produkte werden genau dann geliefert, wenn sie benötigt werden, um Lagerkosten zu minimieren.
- Vendor-Managed Inventory (VMI): Der Lieferant übernimmt die Verantwortung für die Bestandsverwaltung beim Kunden, um die Effizienz zu steigern.

Transportmanagement:

Notwendigkeit, Ressourcen effizienter zu nutzen. Unternehmen begannen, umweltfreundlichere Transportmittel und Verpackungen zu verwenden und ihre Lieferkettenprozesse zu optimieren, um die Umweltbelastung zu minimieren. Heute ist Nachhaltigkeit ein zentraler Aspekt in der Distributionslogistik, da Unternehmen zunehmend erkennen, dass umweltfreundliche Praktiken nicht nur zur Schonung der Umwelt beitragen, sondern auch Kosteneinsparungen (Wiederverwendbarkeit, Sortenreinheit, Vermeidung von Verpackungen usw.) und Wettbewerbsvorteile (Kosten, Image usw.) bieten.

[23] Anmerkung: Vergleich auch Kapitel 5.3 Strategien.

- Routenoptimierung: Planung der effizientesten Transportwege, um Kosten und Lieferzeiten zu minimieren.
- Cross-Docking: Waren werden direkt vom Wareneingang zum Warenausgang transportiert, ohne zwischengelagert zu werden, um die Durchlaufzeiten zu verkürzen.

Informationssysteme:

- Warehouse Management System (WMS): Softwaresysteme zur Verwaltung und Optimierung der Lagerprozesse.
- Transportation Management System (TMS): Planung, Ausführung und Optimierung von Transportprozessen, einschließlich Routenplanung und Frachtkostenmanagement.
- Supply Chain Management (SCM) Systeme: Überwachung und Steuerung der gesamten Lieferkette, von der Beschaffung bis zur Auslieferung.

Verpackungstechniken:

- Standardisierte Verpackungen: Verwendung einheitlicher Verpackungsgrößen und -materialien, um die Handhabung und den Transport zu erleichtern.
- Mehrwegverpackungen: Einsatz wiederverwendbarer Verpackungen und Transporthilfsmittel, um Kosten zu senken und die Umweltbelastung zu reduzieren.

Transporthilfsmittel:

- Transporthilfsmittel spielen eine entscheidende Rolle in der Logistik, da sie den effizienten und sicheren Transport von Waren und Materialien sicherstellen, die Ware schützen und eine optimale Lagerung ermöglichen. Als Beispiel wären anzuführen tauschbare und wiederverwendbare Europaletten, Container, Gitterboxen, Rollwagen usw.

Nachhaltige Logistik:

- Grüne Logistik: Implementierung umweltfreundlicher Praktiken, wie z.B. die Nutzung von Elektrofahrzeugen und die Reduzierung von Verpackungsmaterialien.
- Reverse Logistics: Rückführung von Produkten und Verpackungen zur Wiederverwendung oder Entsorgung.

Die Distributionslogistik birgt auch Nachteile und Herausforderungen, die im Supply Chain Management berücksichtigt werden müssen. Nachfolgend sind einige Herausforderungen und Nachteile ausgeführt:

Nachteile der Distributionslogistik

- Aufbau und Implementierung eines effizienten Distributionssystems erfordern hohe Anfangsinvestitionen.
- Die Verwaltung und Koordination der Distributionslogistik kann komplex und zeitaufwendig sein.
- Es bedarf der Investitionen in hochwertige IT-Systeme und deren Vernetzungen.
- Distributionslogistik ist anfällig für externe Faktoren wie Wetterbedingungen, Verkehrsstörungen und politische Instabilität.
- Transport und Lagerung von Produkten führen zu einer erhöhten Umweltbelastung.

Auf der anderen Seite steht die Distributionslogistik vor einer Reihe von Herausforderungen und Chancen. Diese Herausforderungen und Chancen verdeutlichen die Bedeutung einer gut geplanten und umgesetzten Distributionslogistik im Supply Chain Management. Wichtige Herausforderungen und Chancen sind nachfolgend dargestellt:

Herausforderungen:

- Kostenkontrolle: Steigende Transport- und Lagerkosten erfordern effiziente Lösungen zur Kostensenkung, wie bspw. Implementierung von Technologien zur Optimierung der Routenplanung, Transportfahrzeuge und Lagerverwaltung.
- Lieferzuverlässigkeit: Sicherstellung pünktlicher Lieferungen trotz externer Faktoren wie Wetterbedingungen und Verkehrsstörungen erfordern Nutzung von Echtzeit-Tracking-Systemen und flexiblen Lieferkettenstrategien.
- Globalisierung: Verwaltung globaler Lieferketten mit unterschiedlichen gesetzlichen und kulturellen Anforderungen, zwingen zum Aufbau eines Netzwerks zuverlässiger internationaler Partner und Anpassung an lokale Gegebenheiten.
- Technologische Integration: Integration neuer Technologien in bestehende Systeme und Prozesse, erfordern hohe Investitionen in moderne IT-Infrastrukturen und Schulung der betroffenen Mitarbeiter.
- Nachhaltigkeit: Die Reduzierung der Umweltbelastung durch Transport und Lagerung führt zum Einsatz umweltfreundlicher oder wiederverwertbare Verpackungen sowie der Reduzierung der Treibhausgasemissionen im Zuge von reduzierten Lieferkettenprozessen[24].

Chancen:

- Technologische Innovationen: Nutzung von Technologien wie Künstlicher Intelligenz, Internet of Things (IoT) und Blockchain zur Verbesserung der Effizienz und Transparenz

---

[24] Anmerkung: Reduzierte Lieferkettenprozesse aus Sicht der Nachhaltigkeit zielen darauf ab, die Umweltbelastung zu minimieren und gleichzeitig die Effizienz und Rentabilität zu steigern.

mit der Chance auf optimierte Prozesslenkung und bessere Entscheidungsfindung.

- E-Commerce-Wachstum: Der wachsende Online-Handel bietet neue zusätzliche Umsätze für die Distributionslogistik, weil der Online-Umsatz steigt.
- Nachhaltige Praktiken: Implementierung umweltfreundlicher Praktiken verbessert das Unternehmensimage, was zu einer Förderung der Nachhaltigkeit verbunden mit der Verbesserung der Wettbewerbsfähigkeit führt (CO_2-Footprint).

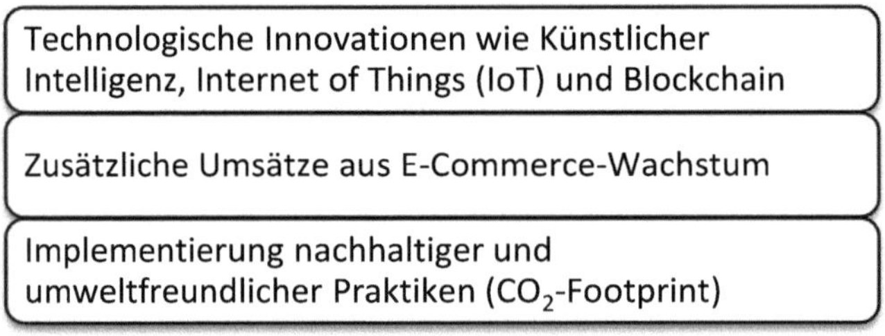

Technologische Innovationen wie Künstlicher Intelligenz, Internet of Things (IoT) und Blockchain

Zusätzliche Umsätze aus E-Commerce-Wachstum

Implementierung nachhaltiger und umweltfreundlicher Praktiken (CO_2-Footprint)

Abbildung 38: Chancen der Distribution

9.6. Entsorgungslogistik

9.6.1. Nachhaltigkeit

In diesem Kapitel wird das Thema der Lieferkettenprozesse aus Sicht der Nachhaltigkeit vertieft. Es zielt darauf ab, die Umweltbelastung zu minimieren und gleichzeitig die Effizienz zu erhalten. Das Thema der Nachhaltigkeit in der Logistik gewinnt aus mehreren Gründen zunehmend an Bedeutung:

Steigendes Umweltbewusstsein:

- Das Bewusstsein für Umweltprobleme wie Klimawandel, Luftverschmutzung und Ressourcenknappheit wächst stetig. Daher legen Unternehmen und Verbraucher mehr Wert auf umweltfreundliche Praktiken und nachhaltige Produkte.

Gesetzliche Vorschriften:

- Regierungen weltweit erlassen strengere Umweltvorschriften und -standards, die Unternehmen einhalten müssen. Somit werden die Unternehmen gezwungen, nachhaltige Praktiken zu implementieren, um rechtliche Konsequenzen zu vermeiden.

Erhoffte wirtschaftliche Vorteile:

- Nachhaltige Logistikpraktiken sollen langfristig zu Kosteneinsparungen führen, z.B. durch Energieeffizienz und Abfallvermeidung. Unternehmen hoffen daher, ihre Rentabilität steigern und gleichzeitig ihre Umweltbilanz senken zu können.

Wettbewerbsvorteile:

- Unternehmen, die nachhaltige Praktiken umsetzen, können sich von der Konkurrenz abheben und ein positives Markenimage aufbauen, was zur Gewinnung und Bindung neuer umweltbewusster Kunden führt.

Soziale Verantwortung:

- Unternehmen erkennen zunehmend ihre Verantwortung gegenüber der Gesellschaft und der Umwelt, Sie fangen an, in eine nachhaltige Entwicklung zu investieren.

Technologische Innovationen:

- Fortschritte in Technologie und Innovation ermöglichen es Unternehmen zunehmend, nachhaltige Logistiklösungen umzusetzen.

Weitere verhaltensorientierte Ansätze tragen aktiv dazu bei, die Nachhaltigkeit in der Lieferkette zu fördern und die Umweltbelastung zu minimieren. Dazu gehören bspw.:

- Lokale Beschaffung: Bevorzugung lokaler Lieferanten, um den Transportaufwand und die damit verbundenen Emissionen zu reduzieren.
- Grüne Logistik: Einsatz umweltfreundlicher Transportmittel und -methoden, wie z.B. Elektrofahrzeuge und optimierte Routenplanung.
- Nachhaltige Verpackungen: Verwendung von recycelbaren und biologisch abbaubaren Verpackungsmaterialien.
- Energieeffiziente Lagerhaltung: Implementierung energieeffizienter Technologien und Praktiken in Lagerhäusern, wie z.B. LED-Beleuchtung und energieeffiziente Heiz- und Kühlsysteme.

9.6.2. Entsorgung

Die Entsorgungslogistik ist in das Supply Chain Management integriert und stellt die letzte Stufe im Produktlebenszyklus und der Lieferkette dar. Die Entsorgungslogistik (engl. Reverse Logistics) trägt dazu bei, die Nachhaltigkeit eines Unternehmens zu steigern. Nachfolgend sind einige der Hauptziele und deren Bedeutung aufgeführt.

- Ressourcenschonung zielt darauf ab, Materialien wiederzuverwenden und zu recyceln, um natürliche Ressourcen zu schonen. Durch die Wiederverwendung und das Recycling von Materialien in der Kreislaufwirtschaft werden natürliche Ressourcen geschont. Dies umfasst die nachhaltige Nutzung von Rohstoffen, um die Umweltbelastung zu minimieren und die Lebensgrundlagen zukünftiger Generationen zu sichern. Dazu gehören der Schutz von Ökosystemen, die Wiederverwendung und das Recycling von Materialien sowie die Förderung erneuerbarer Energien. Durch diese Maßnahmen können die natürlichen Ressourcen bewahrt und die negativen Auswirkungen menschlicher Aktivitäten auf die Umwelt reduziert werden.

- Nachhaltigkeit zielt darauf ab, umweltfreundliche Praktiken zu implementieren, um den CO_2-Fußabdruck zu reduzieren und das Unternehmensimage zu verbessern. Dies umfasst die Implementierung nachhaltiger Praktiken zur Verbesserung des Unternehmensimages, zur Erfüllung der Kundenbedürfnisse nach Nachhaltigkeit und zur Einhaltung gesetzlicher Anforderungen

- Wertschöpfung aus einer Kreislaufwirtschaft, mit dem Ziel der Rückgewinnung von Wertstoffen[25] aus zurückgesendeten Produkten durch Wiederaufbereitung oder Recycling, um den Abfall zu reduzieren.

- Kundenzufriedenheit aus Sicht des steigenden Umweltbewusstseins der Kunden[26] zu verbessern, um langfristige Kundenbeziehungen aufzubauen.

---

[25] Anmerkung: Wertstoffe sind Materialien, die nach ihrem Gebrauch wiederverwendet, recycelt oder in den Produktionskreislauf zurückgeführt werden können. Aus Sicht der Kreislaufwirtschaft sind Wertstoffe besonders wichtig, da sie dazu beitragen, Ressourcen zu schonen, Abfall zu reduzieren und die Umwelt zu schützen.

[26] Anmerkung: Nachhaltige Prozesse im Handel können die Kundenzufriedenheit auf verschiedene Weise verbessern. Die Ursachen und Treiber zu der neuen Kundenorientierung sind beispielsweise: Umweltbewusstsein der Kunden (Kunden legen Wert auf umweltfreundliche und nachhaltige Produkte), Transparenz und Vertrauen (Kunden schätzen die Ehrlichkeit und das Engagement für Nachhaltigkeit), Soziale Verantwortung (Kunden nehmen Unternehmen mit sozial verantwortlichem Verhalten, indem sie faire Arbeitsbedingungen und ethische Beschaffungspraktiken fördern, positiv wahr,

- Gesetzliche Rahmenbedingungen verlangen die Einhaltung von Vorschriften und Umweltauflagen zur Weiterverarbeitung, Aufbereitung und Entsorgung von Abfällen und Rücksendungen. Verstöße führen zu Strafen und juristischen Auseinandersetzungen.

- Innovationsförderung, mit dem Ziel der Entwicklung neuer Technologien und Prozesse zur Verbesserung der Entsorgungslogistik, um die Kosten im Rahmen zu halten und die Wiederverwendung zu fördern.

In der Entsorgungslogistik werden verschiedene Techniken und Methoden angewendet, um den Rückfluss von Produkten und Materialien effizient zu gestalten sowie den Nachweis nachhaltiger Praktiken zu führen. Nachfolgend sind hierzu einige Beispiele ausgeführt:

Rücknahme und Recycling

- Sammlung und Rückführung von gebrauchten Produkten und Materialien zur Wiederverwendung oder Wiederaufbereitung wie bspw. die Rücknahme von Elektronikgeräten zur Wiederverwertung von Komponenten und Materialien.

Wiederaufbereitung (Refurbishment)

- Aufarbeitung und Instandsetzung von gebrauchten Produkten, um sie wieder in den Verkauf zu bringen, wie bspw. Smartphones und Computer.

Wiederverwendung

- Direkte Wiederverwendung von Produkten oder Komponenten ohne umfangreiche Aufarbeitung wie bspw.

Reduzierung von Abfall und Verpackung und Innovationen. Diese nachhaltigen Verhaltensweisen tragen dazu bei, die Kundenzufriedenheit zu erhöhen und langfristige Kundenbeziehungen aufzubauen.

Wiederverwendung von Verpackungsmaterialien wie Paletten und Containern.

Rückführung (Return Management)

- Verwaltung und Abwicklung von Rücksendungen durch Kunden, einschließlich Prüfung, Sortierung und Wiedereinlagerung wie bspw. Rücksendung von Kleidung und Schuhen im Online-Handel anstelle der Warenvernichtung.

Entsorgung

- Umweltgerechte Entsorgung von nicht wiederverwendbaren oder nicht recycelbaren Materialien, gemäß den gesetzlichen Vorschriften zur Entsorgung von gefährlichen Abfällen.

Closed-Loop Supply Chain

- Integration von Rückführungsprozessen in die gesamte Lieferkette, um eine Kreislaufwirtschaft zu fördern wie bspw. die Rücknahme von Altteilen und deren Recycling, um diese in neue Produkte einzubauen.

Rückverfolgbarkeit (Traceability)

- Nutzung von Technologien wie Radio Frequency Identification (RFID), Barcode, QR-Code, Internet of Things (IoT) oder Blockchain, um den Rückfluss von Produkten und Materialien zu verfolgen und zu dokumentieren.

Rücknahme und Recycling
- Sammlung und Rückführung von gebrauchten Produkten

Wiederaufbereitung
- Aufarbeitung und Instandsetzung

Wiederverwendung
- Direkte Wiederverwendung

Rückführungsmanagement
- Verwaltung und Abwicklung von Rücksendungen.

Entsorgung
- Umweltgerechte Entsorgung.

Closed-Loop Supply Chain
- Integration von Rückführungsprozessen in die Lieferkette

Rückverfolgbarkeit
- Nutzung von Technologien um den Rückfluss zu organisieren

Abbildung 39: Technologien der Entsorgung

Die Entsorgungslogistik und das gesellschaftliche aktuelle Thema der Nachhaltigkeit spielen eine zunehmend wichtige Rolle im Supply Chain Management. Die Entsorgung steht vor verschiedenen Herausforderungen und bietet gleichzeitig zahlreiche Chancen. Im Folgenden werden einige der wichtigsten Herausforderungen und Chancen erläutert. Nachdem die Ziele und Methoden der Entsorgungslogistik betrachtet wurden, ist es ebenso wichtig, die potenziellen Herausforderungen und Nachteile zu berücksichtigen. Diese Herausforderungen können die Effizienz und Rentabilität der Entsorgungslogistik beeinflussen. Im Folgenden werden einige der wichtigsten Herausforderungen der Entsorgungslogistik erläutert:

- Herausforderung hohe Kosten: Die Sammlung, Sortierung und Entsorgung von Abfällen und Rücksendungen ist kostspielig und bedeutet eine erhöhte finanzielle Belastung für das Unternehmen.

- Herausforderung Komplexität: Die Verwaltung und Koordination der Entsorgungslogistik kann komplex und zeitaufwendig sein und stellt erhöhte Anforderungen an das Management und die IT-Systeme.

- Herausforderung Rückverfolgbarkeit: Die Sicherstellung der Rückverfolgbarkeit von Produkten und Materialien entlang der gesamten Lieferkette wird herausfordernd sein, es wird notwendig sein, Technologien zu implementieren.

- Herausforderung Umweltauflagen: Einhaltung zunehmender strikterer Umweltvorschriften und -standards.

- Herausforderung Kundenerwartungen: Erfüllung der steigenden Erwartungen der Kunden: Im Hinblick auf Umwelt, Nachhaltigkeit und CO_2-Fußabdruck.

- Chance Ressourcenschonung und Planet Erde: Wiederverwendung und Recycling von Materialien zur Schonung natürlicher Ressourcen.

- Chancen Nachhaltigkeit: Implementierung nachhaltiger Praktiken zur Verbesserung des Unternehmensimages, Erfüllung gesetzlicher Anforderungen und Reduktion des CO_2-Fußabdrucks sowie der Dekarbonisierung.

- Chancen Wertschöpfung: Rückgewinnung von Wert aus zurückgesendeten Produkten durch Wiederaufbereitung oder Recycling.

- Chancen Innovationen: Entwicklung neuer Technologien und Prozesse zur Verbesserung der Effizienz und Effektivität der Entsorgungslogistik.

Die Integration von Nachhaltigkeit in die Lieferkette ist zu einem zentralen Anliegen des modernen Einzelhandels geworden. Die Komplexität der Integration von Nachhaltigkeit in die

Lieferkette ist nicht zu unterschätzen, ebenso die Dynamik des gesellschaftlichen Bewusstseins zur Nachhaltigkeit. Die Herausforderungen sind real, aber die Chancen für den Handel, eine nachhaltige Zukunft zu gestalten, sind ebenso bedeutend. Nur durch ein ganzheitliches Verständnis und konkrete Maßnahmen wird der Handel einen nachhaltigen Beitrag leisten und gleichzeitig seine Wettbewerbsposition stärken.

9.6.3.   Exkurs: Ökosystem und Nachhaltigkeit

Die aktuelle wissenschaftliche Auseinandersetzung zur Wertschöpfung konzentriert sich auf die neuen technologischen Trends, die dem Wandel in der Wertschöpfung förderlich sind. Insbesondere die Digitalisierung bietet Unternehmen neue Möglichkeiten zur Optimierung ihrer Wertschöpfungsprozesse. Die verwendeten Technologien allein werden nicht ausreichen, um die Wertschöpfung zu verbessern, sondern es erfordert eine Kombination mit entsprechendem Management erfordert. Darüber hinaus erfordern die sich wandelnden Anforderungen an Wertschöpfungsprozesse auch neue Governance-Diskurse[27], die den Umgang mit den betroffenen Interessensgruppen (Generationen) regeln.

---

[27] Anmerkung: Governance Diskurse wird in akademischen Bereichen, einschließlich Politik, Wirtschaft und Management diskutiert. Der Begriff "Governance Diskurse" bezieht sich auf die verschiedenen Diskurse und Debatten rund um das Konzept der Governance, einschließlich der Diskussionen über seine verschiedenen Formen, seine Anwendung in unterschiedlichen Kontexten und seine Beziehung zu anderen sozialen und politischen Konzepten. Zu den wichtigsten Themen, die im Mittelpunkt des Governance Diskurses stehen, gehören Globalisierung, Neoliberalismus, Migration und die Rolle von Interessensgruppen im Entscheidungsprozess. Insgesamt ist das

Wie im Vorausgehenden aufgezeigt, werden den Unternehmen vielseitige Maßnahmen empfohlen, um die Wertschöpfungs-

> „Wertschöpfung ist eine Kombination aus Innovation, Engagement und eine Kultur, die auf dem Prinzip der Nachhaltigkeit basiert" nach John Doerr.

kette zu verbessern. Unternehmen sollten dazu mit verbessertem Datenaustausch, mit neuen Technologien, einer engeren Kooperation zwischen den Beteiligten in der Lieferkette oder mittels der Erhöhung der Flexibilität schneller auf Marktveränderungen reagieren können. Weitere Maßnahmen zur Verbesserung der Wertschöpfungskette sind die Optimierung der Abläufe, eine effizientere Logistik und ein besseres Lieferkettenmanagement[28]. Neu hinzu kommt, dass die Förderung von Nachhaltigkeit in globalen Wertschöpfungsketten darin einen Platz finden muss.

John Doerr stellt in seinem Buch „Measure What Matters: The Simple Idea that Drives 10x Growth" das Ziel- und Ergebnis-Framework (OKRs) für Organisationen vor (Doerr, 2018). Das Ziel ist es, ein System zu entwickeln, das es Unternehmen ermöglicht, sich an die sich ändernden Bedürfnisse anzupassen und effektive Ziele zu erreichen. Es bietet eine Reihe von Methoden, die es Organisationen ermöglichen, Prioritäten zu setzen, Fortschritte zu verfolgen und Ergebnisse zu messen.

Thema "Governance-Diskurse" ein komplexes und vielschichtiges Thema mit einer reichen Tradition von Wissenschaft und Forschung, die sich im Laufe der Zeit weiterentwickelt.

[28] Vgl.: URL https://www.kas.de/documents/252038/4521287/Globale+ Wertschoepfung.pdf/5687c8d2-c3b0-8961-5fb6-461dc9e3fe84?version= 1.0&t=1561533202119, 2019, A. Berger, Globale Wertschöpfung globale Verantwortung, Konrad Adenauer Stiftung, 20.12.2024.

Weiterhin stellt Doerr ein System zur Verfügung, in dem Mitarbeiter Ideen entwickeln und teilen und ihre Ziele verfolgen können. Das Buch gibt Empfehlungen zum Umgang mit Risiken, dem Einsatz technologischer Lösungen und dem Aufbau von Kultur und Einstellungen, die zu einem unternehmerischen Erfolg führen.

- Measure What Matters bietet eine einmalige Einführung in die Methodik der Objectives and Key Results (OKR).
- Die Hauptaussage des Buches formuliert sich in der Aussage, dass das Messen dessen, was zählt, der Schlüssel zum Erreichen kühner Ziele und zum 10-fachen Wachstum ist.

Es soll Unternehmen ermutigen, sich auf die Festlegung ehrgeiziger Ziele zu konzentrieren und diese in messbare Ziele und Schlüsselergebnisse aufzuschlüsseln, sowie den Fortschritt zu messen, Feedback zu geben und Strategien entsprechend anzupassen. Darüber hinaus wird gezeigt, wie OKRs eingesetzt werden können, um Innovationen voranzutreiben und Teams und Organisationen auf gemeinsame Ziele auszurichten.

Diese OKRs-Methode kann auch für Nachhaltigkeitsziele angewendet werden, indem man zum Beispiel konkrete Ziele für den CO_2-Fußabdruck oder den Ressourcenverbrauch festlegt und entsprechende Kennzahlen für die Messung und Überwachung definiert. Dies erfolgt durch die Formulierung konkreter, messbarer Ziele und deren Überwachung. Damit können Unternehmen ihre Auswirkungen auf die Umwelt wirksam minimieren. Der Ansatz untermauert die Zusammenarbeit von Unternehmen mit der Gemeinschaft, um ein umfassenderes Verständnis der Auswirkungen auf die Umwelt zu erhalten.

| Measure What Matters ist ein Ansatz | | Umweltauswirkungen zu messen und zu verstehen, | | um nachhaltigere Entscheidungen zu treffen. |

Abbildung 40: Ansatz zur Nachhaltigkeit

Um die Umweltauswirkungen zu reduzieren, können verschiedene Maßnahmen ergriffen werden. Dazu gehören die Verbesserung der Energieeffizienz, die Verringerung des Wasserverbrauchs, die Reduzierung von Abfall und die Verwendung nachhaltiger Materialien. Auch ist es notwendig, dass Unternehmen auf kohlenstoffarme Technologien umsteigen und emissionsarme Produktionsprozesse einführen. Dazu müssen sie Umweltauswirkungen reduzieren, den Einfluss ihrer Produkte und Dienstleistungen auf die Umwelt messen, um die Auswirkungen zu verringern und zu verhindern, dass sie zunehmen[29].

Interessanterweise enthält das Magische Dreieck der Wertschöpfung bereits Nachhaltigkeit in den drei Dimensionen Kundennutzen (Zeit), operative Exzellenz (Qualität) und finanzielle Tragfähigkeit (Preis)[30]. Nachhaltigkeit ist eine der Komponenten des Dreiecks, die sich auf die ökonomische, ökologische und soziale Nachhaltigkeit bezieht. Der Einkauf hat hier einen Hebel, um die Nachhaltigkeit der Wertschöpfung zu steigern, indem er Nachhaltigkeit in den drei Variablen des Magischen Dreiecks berücksichtigt.

---

[29] Vgl.: URL https://de.ivalua.com/loesungen/prozess/environmental-impact-center/3u4u/, Invalua, Environmental Impact Center, o.V., o.D., Zugriff 21.12.2024.
[30] Vgl.: URL https://www.grin.com/document/154934, Der Product Carbon Footprint, S. Wütz, Grin Verlag, 2010.

Um nachhaltig in Bezug auf die Umwelt zu sein, muss der Einkauf bei der Auswahl der Lieferanten und Beschaffungswege diese einfordern und einkaufen. Um diese beschaffte Nachhaltigkeit aufzuzeigen und für das Unternehmen nach außen aufzuzeigen, gibt es verschiedene Möglichkeiten, je nach Kontext und Zielgruppe. Je nach Zielsetzung und Kundenzielgruppe kann ein oder mehrere dieser Beispiele genutzt werden, um unternehmerisch einen verantwortlichen Umgang mit der Umwelt und Nachhaltigkeit auszudrücken.

Hier sind einige Beispiele:

- Kennzahlen und Indikatoren: Durch die Verwendung von Kennzahlen und Indikatoren kann man die Auswirkungen von bestimmten ökologischen Handlungen auf die Nachhaltigkeit messen und darstellen. Dazu können der ökologische Fußabdruck, der grüne Energieverbrauch oder die CO_2-Emissionen berechnt und diese Zahlen präsentiert werden.

- Berichte und Bewertungen: Unternehmen erstellen Nachhaltigkeitsberichte, um ihre Bemühungen in der Nachhaltigkeit zu dokumentieren und zu kommunizieren. In diesen Berichten können eigene Umwelt- und Sozialbilanzen sowie Fortschritte und Herausforderungen ausgewiesen werden.

- Zertifikate: Ausgehend von der eigenen Beschaffung und den Lieferanten werden Nachhaltigkeitszertifikate eingefordert. Diese sind beispielsweise FCKW frei, PEFC- und FSC-Siegel, blauer Engel auf Farben, DIN ISO 14001, grüner Strom, BeKi-Zertifikat, TCO Lable, ok-power-Siegel, Fairtrade usw.

- Visualisierungen: Grafiken, Infografiken oder Diagramme können um komplexe ökologische Wirkungsweisen und Zusammenhänge einfach und verständlich darstellen. Beispiele wären interaktive Karten, Anzeigen für die

Stromerzeugung der hauseigenen Photovoltaik, Regenwassernutzungen, usw.

- Sensibilisierung und Bildung: Um Nachhaltigkeit aufzuzeigen, ist es wichtig, im Unternehmen ein Bewusstsein und Verständnis für die Thematik zu schaffen. Hierfür können beispielsweise Schulungen, Seminare oder Workshops für Mitarbeiter durchgeführt werden.

- Beispiele und Erfolgsgeschichten: Geschichten des eigenen Unternehmens oder Mitarbeiter, die mit Nachhaltigkeit erfolgreich sind, können auch helfen, das Bewusstsein zu schärfen und als gutes Beispiel voranzugehen.

Einen anderen Ansatz, aber im Großen und Ganzen in dieselbe Richtung verfolgt Daniel Kahneman[31]. Er ist Psychologe und Nobelpreisträger, der sich mit der Wertschöpfung in Wirtschaft und Verhaltensökonomie beschäftigt. Als israelisch-US-amerikanischer Psychologe und emeritierter Hochschullehrer wurde ihm im Jahr 2002 mit Vernon L. Smith der Alfred-Nobel-Preis für Ökonomie verliehen[32, 33]. Er hat mehrere neuartige

---

[31] Anmerkung: Daniel Kahneman erhielt zahlreiche Auszeichnungen, darunter den Alfred-Nobel-Gedächtnispreis für Wirtschaftswissenschaften (2002), die National Medal of Science (2002), die Benjamin Franklin Medal in Economics (2002), den Lifetime Achievement Award der American Psychological Association (2007), die Warren Medal der Society for Judgment and Decision Making (2007), den Nobelpreis für Wirtschaftswissenschaften (2002) und den Grawemeyer Award (2018).

[32] Vgl.: URL https://www.swr.de/swr2/wissen/der-psychologe-daniel-kahneman-warum-wir-uns-oft-falsch-entscheiden-104.html, SWR2, 9.12.2022, W. Streitbörger, Zugriff 12.1.2025.

[33] Ergänzung: Als Professor Emeritus für Psychologie und öffentliche Angelegenheiten an der Princeton University's Princeton School of Public and International Affairs. Kahneman ist ein Gründervater der Verhaltensökonomie und hat wesentlich zur Entwicklung der kognitiven Psychologie beigetragen. Sein wissenschaftliches Werk befasst sich mit der Entscheidungsfindung und

Theorien entwickelt, wie die Theorie des Entscheidens unter Risiko oder die Theorie des schnellen und langsamen Denkens. Seine Theorien unterstützen dabei, die Wertschöpfung in der Wirtschaft besser zu verstehen und besser zu nutzen. Er hat und das ist relevant an dieser Stelle, das Konzept des Anstupsens, im Sinne eines Denkanstoßes (Nudging) entwickelt, das darauf abzielt, Menschen zu bestimmten Handlungen zu ermutigen, indem man ihnen einen Anreiz liefert, der ihre Entscheidung beeinflusst[34].

Um die Wertschöpfung besser zu verstehen, empfiehlt es sich, sich mit den Arbeiten Daniel Kahnemans zu beschäftigen[35]. Sein Konzept des „Langsamen Denkens" und „Schnellen Denkens" hilft dabei, die Wertschöpfung in der heutigen Zeit zu verstehen und zu bewerten. Zudem kann man lernen, wie sein Konzept der „Bias-Heuristik" angewendet werden kann, um die Wertschöpfung besser zu bewerten. Auch die Theorie des „kognitiven Risikos" unterstützt dabei, die Wertschöpfung besser zu verstehen und einzuordnen (Kahneman, 2012). Es werden die zwei Arten des Denkens, die unser Gehirn nutzt, aufgezeigt: schnelles, intuitives Denken und langsames, rationales Denken. Es erklärt uns, wie unser Denken unser Verhalten beeinflusst und erklärt, wie wir uns dessen bewusst werden und es kontrollieren können. Es behandelt auch einige psychologische Konzepte wie Intuition, Heuristiken, Bias, System 1 und System 2

---

der Entwicklung von Strategien, die auf psychologischen Konzepten basieren.

[34] Vgl.: URL https://www.kern.bayern.de/wissenschaft/268061/index. php, Kern Kompetenzzentrum für Ernährung, Bayrisches Staatsministerium für Ernährung, o.D., o.V., Zugriff 1.1.2025.

[35] Vgl.: URL https://opus.bibliothek.uni-wuerzburg.de/opus4-wuerzburg /frontdoor/deliver/index/docId/17624/file/Woetzel_Dagmar_ Dissertaton. pdf, Dissertation: Wirksame Umsetzung strategischer Entscheidungen in profitorientierten Unternehmen, D. Wötzel, Würzburg, 15.5.2017.

Denken. Weiterhin erforscht es auch, wie Menschen Entscheidungen treffen und wie sie zu bestimmten Entscheidungen gelangen. Insgesamt ist es ein sehr informatives und lehrreiches Buch, das unser Verständnis zur Entscheidungsfindung, Denken und Handeln vertieft.

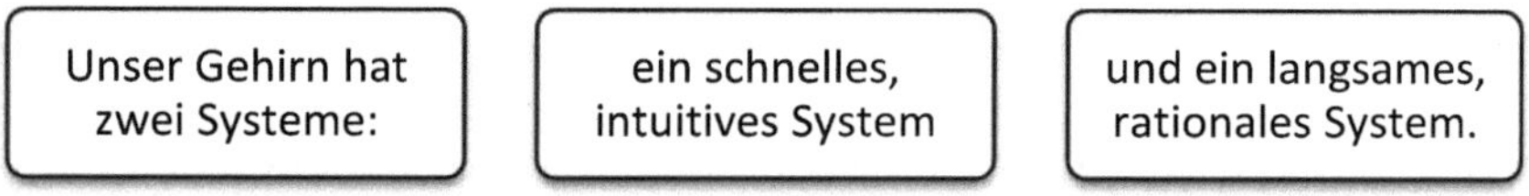

Unser Gehirn hat zwei Systeme:	ein schnelles, intuitives System	und ein langsames, rationales System.

Abbildung 41: Zwei Systeme im Gehirn

Eine zentrale Botschaft in Daniel Kahnemans Buch Thinking, Fast and Slow ist, dass unser Gehirn zwei Systeme zur Verarbeitung von Informationen hat: ein schnelles, intuitives System und ein langsames, rationales System. Es ist wichtig, dass wir beide Systeme verstehen, um gute Entscheidungen zu treffen. Intuitives Denken ist schneller, aber es birgt auch die Gefahr von Vorurteilen und Fehleinschätzungen. Das langsame, rationale System kann zwar zu besseren Entscheidungen führen, ist aber anfällig für Verzögerungen. Wir müssen versuchen, beide Systeme zu nutzen, um ein Gleichgewicht zu finden.

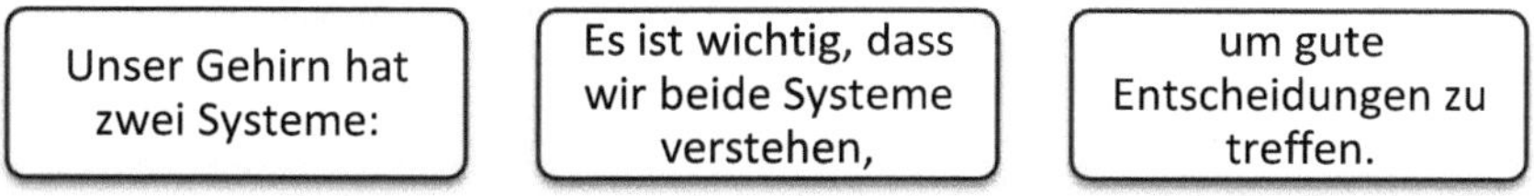

Unser Gehirn hat zwei Systeme:	Es ist wichtig, dass wir beide Systeme verstehen,	um gute Entscheidungen zu treffen.

Abbildung 42: Beide Seiten verstehen

9.6.3.1.   Generationen und Wertschöpfung

Leider existieren global betrachtet unberücksichtigte Kosten im Magischen Dreieck der Wertschöpfung. Oft werden bei der Betrachtung des Magischen Dreiecks der Wertschöpfung Kosten für Ressourcen, Materialien, Energie und andere Nebenkosten als Folgekosten für die Umwelt nicht berücksichtigt. Diese Kosten würden zu einer negativen Wertschöpfung führen, wenn sie in die unternehmerische Kostenkalkulation einbezogen würden. Andernfalls würden diese unterlassenen Investitionen in Technologie und Innovation zu einer Verringerung der Wertschöpfung führen, weshalb diese unberücksichtigt bleiben und auf der Erzeugerseite unterlassen werden. Nachhaltig und korrekt wäre es, die aktuellen und nachfolgenden Kosten für die Umwelt zu berücksichtigen, um die nachhaltige und gesamthafte Wertschöpfung eines Unternehmens zu erkennen.

Im Magischen Dreieck der Wertschöpfung fehlt ein Fokus auf die Qualität und Kosten, die zur Erreichung der gewünschten ökologisch neutralen Ergebnisse notwendig sind.

Ein ökologisch richtiges und nachhaltiges Magisches Dreieck der Wertschöpfung besteht aus drei Komponenten[36]:

- Input, Output und Wertschöpfung.
- Input bezieht sich auf die Ressourcen, die benötigt werden, um ein Ergebnis zu erzielen.
- Output bezieht sich auf die Ergebnisse, die bei der Umsetzung der Transformation erzielt werden.

---

[36] Vgl.: URL https://www.projektivisten.de/fileadmin/_migrated/content_uploads/Mit-Kennzahlen-zum-Erfolg.pdf, Symposion, 2015, M. Kütz, R. Wagner, Zugriff 23.12.2024.

Die Wertschöpfung bezieht sich auf den Wert, den die Ergebnisse abzüglich der vollständigen Aufwände für das Unternehmen schaffen. Um die Gesamtbilanz korrekt zu berechnen, müssten die Kosten (Aufwand) um alle Kosten der direkten Erzeugung und die nicht bezahlten Kosten[37] erfasst werden. Denn wir vergessen in der Bilanz die nachfolgenden Kosten für die Wiederherstellung der Ressourcen und Umweltprobleme, die durch Massenproduktion und Konsum verursacht werden.

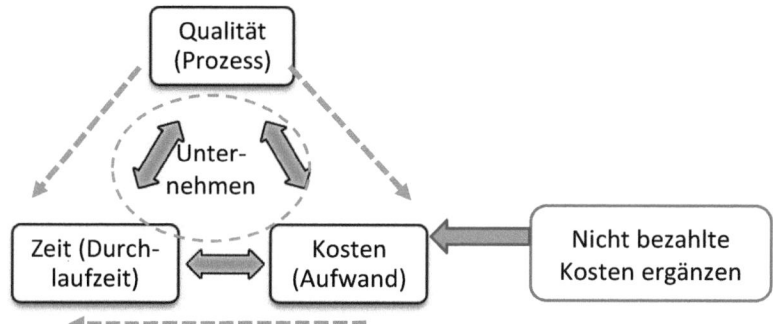

Abbildung 43: Einkaufsziele

$$Wahrer\ Rohstoffpreis\ (€)$$
$$= Rohstoffpreis\ (€)$$
$$+ nicht\ bezahlte\ Kosten\ der\ Gewinnung, Lagerung\ und\ Transport\ (€)$$
$$+ Kosten\ der\ Entsorgung\ (€)$$
$$+ Wiederherstellung\ der\ Umwelt\ und\ Ressourcen\ (€)$$

Formel 10: Nachhaltige Bewertung der Rohstoffe

Wie wir wissen, gibt es eine Reihe von Ressourcen- und Umweltproblemen, die durch Massenproduktion und -konsum verursacht werden. Insgesamt tragen Massenproduktion und -

---

[37] Vgl.: Externalisierte Kosten.

konsum zu einer Vielzahl von Umweltproblemen bei, die von der Erschöpfung der Ressourcen bis zur Verschmutzung und Zerstörung von Ökosystemen reichen. Heute bezahlen wir nur den Einkaufspreis, aber nichts für die Reparatur der Ressourcen und Umweltprobleme über Generationen. Hier sind einige Beispiele aufgeführt:

- Pro-Kopf-Konsum von Fleisch verursacht weitreichende Belastungen, wie zum Beispiel für das Klima und die Böden. Die hohe Fleischproduktion trägt erheblich zur Umweltverschmutzung bei.
- Massenproduktion und Konsum von Fleisch- und Milchprodukten sind mit Tierhaltung und Fütterung verknüpft, die einen hohen Bedarf an landwirtschaftlichen Flächen, Wasser und Futtermitteln haben und damit zur Umweltbelastung beitragen.
- Die Prozessstufen der Textilherstellung, insbesondere der Anbau und die Produktion von Rohfasern, sind wegen des hohen Energie- und Wasserverbrauchs sowie des Einsatzes von Chemikalien auch eine Belastung für die Umwelt.
- Die Massenproduktion und Konsum von Bekleidung und Textilien verursachen Wasserverschmutzung und Treibhausgasemissionen und führen zu großen Mengen an Abfällen.
- Die Herstellung von Elektrogeräten und Smartphones erfordert den Einsatz wertvoller Ressourcen, z. B. Gold und seltene Erden, die teilweise unter umweltschädlichen Bedingungen abgebaut werden.

Unser Anliegen muss es sein, dazu beizutragen, eine neue Art von Wirtschaft und Konsum zu fördern, die auf Nachhaltigkeit, Umweltgerechtigkeit und gesellschaftlicher Verantwortung basiert.

Annie Leonard ist eine US-amerikanische Kritikerin, die sich vornehmlich mit internationalen Wirtschaftsbeziehungen, Nachhaltigkeit und Konsum beschäftigt[38,.39] Sie erstellte den animierten Film „The Story of Stuff (2007)", der das Thema Müll und Verschwendung aufgreift. Leonard ist auch Mitbegründerin und Co-Executive Direktorin von Greenpeace USA. Sie begann ihre Karriere bei Greenpeace 1988 und ist seitdem eine treibende Kraft in der Organisation.

The Story of Stuff[40] beschäftigt sich mit dem Lebenszyklus von Waren. Der Film kritisiert exzessiven Konsum und befürwortet nachhaltigere Produktions- und Konsummethoden. Er untersucht die Ressourcen und Umweltprobleme, die durch Massenproduktion und Konsum verursacht werden, und betont die Bedeutung der Wiederverwendung und des Recyclings. Der Film erklärt auch, wie wirtschaftliche Strukturen aufgebaut sind, um den Konsum anzukurbeln und wie große Unternehmen ihre Produkte auf den Markt bringen und über die Auswirkungen der Wirtschaft auf die Umwelt und die Menschen. Somit werden die gesellschaftlichen, ökologischen und gesundheitlichen Auswirkungen der Konsumgesellschaft, unter anderem durch die Verschwendung von Ressourcen und die ungleiche Verteilung von Reichtum aufgezeigt. Er zeigt, wie die Wirtschaft Kunden zu Konsumzombies macht, die mehr kaufen, als sie brauchen, und gibt Anregungen, wie man sich davon befreien kann. Anliegen des Films ist es dazu beizutragen, eine neue Art von

---

[38] Vgl.: URL https://de.wikipedia.org/wiki/Annie_Leonard, Wikipedia, o.V., o.D., Zugriff 20.12.2024.

[39] Vgl.: URL https://www.greenpeace.org/usa/bios/annie-leonard/, Greenpeace, o.V., o.D., Zugriff 20.12.2024.

[40] Vgl.: URL https://www.storyofstuff.org/, The Story of Stuff, E. Ringholm, o.D., Zugriff 20.12.2024.

Wirtschaft und Konsum zu fördern, die auf Nachhaltigkeit, Umwelt-/Generationengerechtigkeit und Verantwortung basiert.

Mit der Thematisierung der Probleme, die sich aus dem Abbau, der Verarbeitung, dem Verkauf, der Nutzung und der Entsorgung von Materialien ergeben, werden vielseitige Probleme angesprochen. Die Unterdrückung und Ausbeutung der Arbeiter, Verschmutzung der Umwelt, Abfallproduktion, Klimawandel und andere negative Folgen des Konsums.

Der exzessive Konsum und die Wegwerfmentalität, die weltweit vorherrschen, sind sowohl für die Umwelt als auch für unsere Gesellschaft schädlich. Es wird deutlich, dass der Konsum Teil unseres globalen Wirtschaftssystems ist und dass Kunden sich ändern müssen, um eine bessere Welt zu schaffen.

Nachhaltigkeit aus recycelten Waren ist eine Strategie, die darauf abzielt, Produkte aus Abfallmaterialien und -produkten herzustellen, die wiederverwendet werden können. Es ist ein wichtiger Teil der Kreislaufwirtschaft und der steigenden Nachfrage nach nachhaltigen Lösungen. Einige der Vorteile der Verwendung von recycelten Waren sind die Einsparung von Energie, weniger Abfall, weniger Umweltverschmutzung und eine höhere Qualität der Produkte. Es ist wichtig zu beachten, dass recycelte Waren nicht immer die gleiche Qualität wie neue Produkte aufweisen. Daher ist es wichtig, sicherzustellen, dass die recycelten Waren sicher und effizient verarbeitet werden, um das bestmögliche Ergebnis zu erzielen.

Nachhaltigkeit vermeidet Überproduktion, indem es die Notwendigkeit reduziert, neue Produkte herzustellen, indem es den Verbrauch von Ressourcen reduziert und indem es die Verwendung von Recycling-Materialien und nachhaltigen Produktionsmethoden fördert. Durch nachhaltige Entscheidungen können Unternehmen und Konsumenten die Umweltbelastung reduzieren und die Wirtschaftlichkeit verbessern. Nachhaltigkeit kann auch dazu beitragen, den Besitz von Materialien zu reduzieren, die Verbraucher mehr Zeit und Geld sparen lassen, durch die Verringerung der Abfallmenge und durch die Förderung des Kreislaufdenkens, sodass die Wirtschaftlichkeit von Unternehmen und die ökologische Nachhaltigkeit gefördert wird.

Eine Lösung hat die Industrie bereits im Pull-Prinzip. Das Pull-Prinzip ist ein Konzept für den Materialfluss in einem Produktionssystem. Es wird auch als Hol-Prinzip bezeichnet[41.] Es besagt, dass ein Unternehmen nur dann Produkte herstellt, wenn ein Kunde danach verlangt. Dadurch wird eine Verschwendung von Ressourcen vermieden, da nur so viel produziert wird, wie derzeit benötigt wird. Im Gegensatz dazu steht das Push-Prinzip, bei dem Produkte bereits vorab produziert werden, obwohl noch nicht klar ist, ob sie überhaupt gekauft werden.

Annie Leonard definiert die Methode der Wertschöpfung auf Kosten der nachfolgenden Generationen als „Externalisierung der Kosten". Sie beschreibt damit den Vorgang, dass die Kosten nach außen verlagert werden. Aus ihrer Sichtweise umfassen die externalisierten Kosten jene Kosten, welche nicht im Handelspreis der Ware vorhanden sind, aber in der erbrachten Leistungserstellung zu der gehandelten Ware für die nachfolgenden Generationen anfallen werden. Zur Erbringung der Leistungserstellung werden diese Kosten nicht fällig. Ihre Tilgung wird auf nachfolgende Generationen verschoben. Als Beispiel sind zu nennen zukünftige Kosten der Erderwärmung, CO2 Folgen, Wasserknappheit, Abfallberge und Entsorgungsprobleme usw. Diese Externalisierung der Kosten oder Verlagerung der

---

[41] Vgl.: URL https://glossar.item24.com/glossarindex/artikel/item/pull-prinzip.html, Glossar, Item, Pull-Prinzip, o.D., o.V., Zugriff 20.12.2024.

Kosten nach außen auf die kommenden Generationen und Gesellschaft lässt sich wie folgt darstellen:

Abbildung 44: Externalisierung der Kosten

Externalisierung von Kosten bezieht sich auf die Aktivität, Kosten auf andere Personen oder Organisationen zu übertragen, ohne dass diese direkt an der Aktivität beteiligt sind, die die Kosten verursacht hat[42]. Diese Art der Kostenübertragung kann auf verschiedene Weise erfolgen, einschließlich der Verlagerung von Kosten auf andere Unternehmen, auf die Regierung oder auf die Verbraucher.

- Ein Beispiel wäre das Abwälzen von Umweltkosten auf andere Unternehmen oder auf die Allgemeinheit, wenn ein Unternehmen schädliche Abfälle in die Umwelt abgibt.
- Ein weiteres Beispiel ist die Verlagerung von Kosten auf die Verbraucher, wenn ein Unternehmen den Preis für ein Produkt erhöht, um seine eigenen Kosten zu decken.

Externalisierte Kosten, also nicht eingepreiste Kosten, haben direkte Auswirkungen auf den Konsum eines Individuums oder Unternehmens, denn die Produkte werden günstig. Im

---

[42] Vgl.: URL https://de.wikipedia.org/wiki/Externalisierung, Externalisierung, Wikipedia, o.V., 30.3.2023 und URL https://de.wikipedia.org/wiki/Externer_Effekt, externe Effekte, Wikipedia, o.V., 30.3.2023.

Verkaufspreis fehlen die nicht eingepreisten Kosten. Externalisierte Kosten können sowohl positiv als auch negativ sein. Positive externe Effekte sind solche, bei denen die Konsumenten oder Produzenten mehr Nutzen erhalten als sie bezahlen. Negative externalisierte Kosten hingegen sind solche, bei denen die Kosten, die durch die Produktion entstehen, nicht im Preis des Gutes oder der Dienstleistung enthalten sind. Beispiele dafür sind die Folgekosten durch Unterlassung wahrnehmbar in Umweltverschmutzung, Lärm, Abfall und anderen negativen Umwelteffekten.

Um fehlende externalisierte Kosten und deren nachfolgende Effekte auf die Umwelt und Generationen zu beheben, können Regierungen Subventionen, Steuern, Regulierungen oder Gesetze und andere staatliche Interventionen einsetzen.

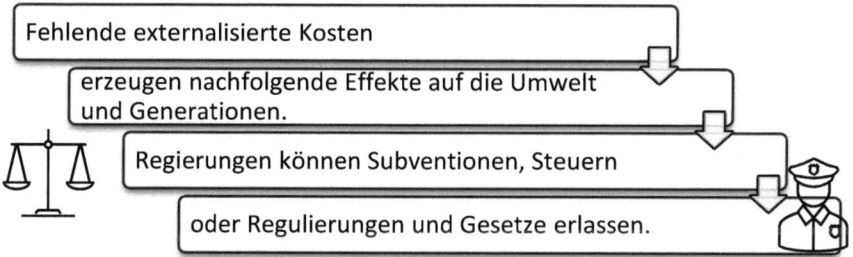

Abbildung 45: Regulierung externalisierter Kosten

Die Ursache der falschen Preisstellung und Bewertung der Güter und Dienstleistungen ist das Leben auf Kosten der nächsten Generation, bedingt in den externalisierten Kosten. Es ist eine traurige Tatsache, dass wir momentan auf Kosten kommender

Generationen leben[43]. Wir verbrauchen mehr Ressourcen als die Erde regenerieren kann, und die Menschen, die in ein paar Jahren auf der Erde leben werden, müssen die Kosten dafür tragen. Es ist daher wichtig, dass wir jetzt handeln, um zukünftige Generationen vor zu großen Belastungen zu schützen. Dazu gehören Maßnahmen wie der Kampf gegen Armut, Zugang zu medizinischer Versorgung, Bildung, Gleichberechtigung, Förderung biologisch nachhaltiger Landwirtschaft, Energieeffizienz und Einsatz erneuerbarer Energien sowie die Eindämmung des Klimawandels[44].

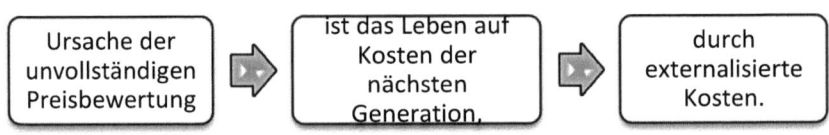

Abbildung 46: Ursachenanalyse

Um das Leben auf Kosten der nächsten Generation zu vermeiden, ist es wichtig, dass wir uns bewusst machen, dass die Entscheidungen, die wir heute treffen, Auswirkungen auf die Zukunft haben. Wir müssen uns darüber im Klaren sein, dass die Ressourcen, die wir heute nutzen, nicht unendlich sind und dass wir daher nachhaltige Entscheidungen treffen müssen. Es ist wichtig, dass wir unsere Ressourcen bewusst einsetzen und nicht verschwenden. Zudem sollten wir uns bemühen, die Umwelt zu schützen und die natürlichen Ressourcen zu schonen.

---

[43] Vgl.: URL https://www.deutschlandfunkkultur.de/erd-ueberlastungstag-ab-heute-leben-wir-auf-kosten-100.html, Deutschlandfunk Kultur, 2.5. 2018, M. Schuler, Erd-Überlastungstag, Zugriff 20.12.2024.

[44] Vgl.: URL https://kurier.at/politik/inland/wie-wir-ein-leben-auf-kosten-der-naechsten-generation-vermeiden/400325709, Kurier, J. Hager, B. Gaul, 15.11.2018, Zugriff 30.12.2024.

Wir müssen uns auch darüber im Klaren sein, dass wir der nächsten Generation eine Welt hinterlassen, für die wir verantwortlich sind. Daher müssen wir sicherstellen, dass unsere Entscheidungen nicht nur für die Gegenwart, sondern auch für die Zukunft richtig sind[45].

Leider haben wir uns um die Umwelt nach uns zu lange keine Sorgen gemacht. Es gibt einige Faktoren, die dazu beigetragen haben. Diese Faktoren sind:

- Die Verlagerung von Produktionen in Länder mit niedrigeren Umweltstandards,
- das Fehlen globaler Richtlinien zum Schutz der Umwelt,
- die Verringerung des finanziellen Engagements der Regierungen und Unternehmen für Umweltschutz,
- die mangelnde Aufklärung der Öffentlichkeit über die Folgen für nachfolgende Generationen und noch zu
- geringe staatliche Bestrebungen zum Energiesparen und Umstieg auf erneuerbare Energien wie Wasser, Wind und Sonne.

---

[45] Ergänzung: Vielleicht bedarf es eines weiteren Schockerlebnisses. Die Entwicklung von FCKW-freien Kühlschränken begann in den 1960er Jahren mit der Verwendung von Gefriertruhen und -Schränken ohne FCKW. Im Laufe der folgenden Jahrzehnte wurden immer weitere Fortschritte bei der Entwicklung von FCKW-freien Kühlschränken erzielt. Nach dem Ozonschock der 1980er Jahre begann die Industrie, auf FCKW-freie Kühlschränke umzusteigen. 1992 wurde schließlich durch das Unternehmen Foron in der damaligen DDR der erste FCKW-freie Kühlschrank der Welt auf den Markt gebracht. Seitdem wurden weitere Fortschritte bei der Entwicklung von FCKW-freien Kühlschränken erzielt und es wurden verbesserte Modelle auf den Markt gebracht, die sowohl energieeffizienter als auch umweltfreundlicher sind. Heute sind alle Gefriertruhen und -Schränke FCKW frei.

9.6.3.2. Generationen und Veränderung

Veränderungen in der Gesellschaft können je nach Art und Umfang der Veränderung unterschiedlich lange dauern. Einige Veränderungen können schneller als erwartet erfolgen, während andere viel Zeit und Geduld erfordern. Es ist wichtig, dass Veränderungen auf breiter gesellschaftlicher Basis erfolgen, da sie sonst leichter wieder rückgängig gemacht werden können. Es ist auch wichtig, dass die Veränderungen möglichst nachhaltig sind und sich nicht vorübergehend zeigen. Veränderungen können innerhalb eines Jahres erfolgen, während andere mehrere Jahre dauern können, um vollständig umgesetzt zu werden.

Es bedarf einer Generation, um Veränderungen in der Gesellschaft zu bewirken. Jede Generation hat einzigartige Erfahrungen, Ideen und Fähigkeiten, die sie in die Diskussion einbringt, um Veränderungen hervorbringen zu können. Generationen können dazu beitragen, neue Denkweisen zu schaffen, die zu einer besseren und gerechteren Gesellschaft führen. Durch den Dialog zwischen den Generationen können neue Wege gefunden werden, um soziale und ökonomische Probleme zu lösen und langfristige Lösungen zu schaffen.

Beispiel Evolution: Ein Beispiel für eine Veränderung über eine Generation ist die Evolution. Dies ist der Prozess der natürlichen Auslese, bei dem sich Organismen über viele Generationen hinweg weiterentwickeln und an ihre Umwelt anpassen. Dies kann durch eine Kombination aus genetischen Veränderungen und Anpassungen an die Umweltbedingungen geschehen. Beispiele für die Evolution über mehrere

Generationen kann die Anpassung an den Klimawandel und Umwelt bei verschiedenen Arten sein.

Beispiel Digitalisierung: Ein Beispiel für eine Veränderung über eine Generation im 21. Jahrhundert ist die zunehmende Digitalisierung. In vielen Branchen, einschließlich der Bildung, wird die Technologie immer wichtiger und stellt ein grundlegendes Element der modernen Welt dar. Dies hat dazu geführt, dass viele Generationen, insbesondere die jüngeren, mit Technologie aufgewachsen sind und sie für eine Vielzahl von Aufgaben nutzen. Dieser Trend ist in vielen Ländern weltweit zu beobachten und wird sich in Zukunft noch weiter verstärken.

Beispiel Technologie: Ein Beispiel für eine Nutzungsänderung über eine Generation im 20. Jahrhundert ist die Entwicklung der Technologie. Im Verlauf des 20. Jahrhunderts hat sich die Technologie in einem rasanten Tempo weiterentwickelt. Zu Beginn des Jahrhunderts gab es noch keine Smartphones, Computer, Internet oder Social Media. Am Ende des Jahrhunderts dagegen waren diese Technologien allgegenwärtig und revolutionierten die Art und Weise, wie Menschen miteinander kommunizieren und arbeiten.

Beispiel Pfandsystem: Ein Beispiel für eine Verhaltensänderung über eine Generation im Pfandsystem ist die Einführung eines Fahrradverleihsystems in Städten. Diese Generation von Fahrradverleihsystemen ist auf ein Bezahl- und Nutzungssystem sowie Pfandsystem (Rückgabe) ausgelegt, bei dem die Nutzer eine Gebühr bezahlen, die nach dem Ausleihen des Fahrrads an die Abgabestelle zurückgezahlt wird. Mit der Einführung dieses Systems wurde der Prozess des Ausleihens und Rückgebens von Fahrrädern vereinfacht und die damit verbundenen Kosten für die Nutzer reduziert. Dadurch ist es auch einfacher geworden, mehr Menschen zu erreichen, was die Nutzung von Fahrrädern als Verkehrsmittel erhöht hat. Gleichfalls nutzen mehrere Personen ein Fahrrad und der Konsum von Fahrrädern für die Abstellung im eigenen Keller ohne Nutzung ist gehemmt worden.

Beispiel Getränkepfand: In einigen Ländern wird das Getränkepfandsystem bereits seit vielen Jahren erfolgreich eingesetzt, um Kunden daran zu erinnern, leere Flaschen, Dosen oder Fässer wieder zurückzubringen.

Beispiel Recycling: Am Beispiel des Pfandsystems wird Recycling und Mehrfachnutzung für die Nachhaltigkeit und Ökologie begreifbar. Es ist an der Zeit, dass wir unser Handeln an die neuen ökologischen Realitäten anpassen. Nachhaltig bedeutet ein Leben in Pfandsystemen und Recycling. Auf diese Weise organisieren wir uns nachhaltig, effektiv und effizient. Ein Pfandsystem ist eine sehr gute Unterstützung gegen die Gesellschaft des Wegwerfens, denn es bietet eindeutige Struktur für unsere eine Welt.

Beispiel Klimaziele der Bundesregierung: In nur noch sieben Jahren agieren, bedeutet also im Jahr 2030, möchte die deutsche Bundesregierung eine Reduktion der Treibhausgasemissionen im Vergleich zu 1990 um mindestens 55 % erreichen. Diese Klimaziele sind in dem Klimaschutzgesetz festgelegt, das im Jahr 2019 verabschiedet wurde. Dazu gehören unter anderem die Reduktion der Treibhausgasemissionen, der Ausbau der erneuerbaren Energien, der Ausstieg aus der Kohleverstromung, der Ausbau der Stromnetze und die Förderung der Elektromobilität.

Beispiel Rational AG: Die Rational AG ist ein deutscher Dienstleister sowie Hersteller von Groß- und Industrieküchengeräten zur thermischen Speisenzubereitung. Das

Unternehmen bietet Lösungen für Küchen in Hotels, Gaststätten, Krankenhäusern, Fluggesellschaften und anderen Einrichtungen. Die Rational AG legt großen Wert auf Nachhaltigkeit und versucht, die Umwelt so wenig wie möglich zu belasten. Sie hat beispielsweise den Energieverbrauch ihrer Produkte reduziert, um Energie zu sparen und die CO_2-Emissionen zu senken. Außerdem legt das Unternehmen großen Wert auf die Auswahl und Entwicklung seiner Lieferanten, um eine nachhaltige Beschaffung und Produktion zu gewährleisten. Auch die Themen der Nachhaltigkeit spielen bei der Rational AG eine wichtige Rolle. Sie versucht, die Auswirkungen ihrer Aktivitäten auf die Umwelt so gering wie möglich zu halten und die natürlichen Ressourcen zu schonen. Was ist anders? Die Rational AG arbeitet nach dem Pull-Prinzip. Dies bedeutet, dass die Produktion von einem Kundenauftrag angestoßen wird. Die Idee zum Arbeiten nach dem Pull-Prinzip stammt von dem Unternehmensberater Tobias Bernecker[46], der an der Hochschule Heilbronn tätig ist. Bernecker hat das Konzept der Pull-Produktionssteuerung entwickelt, das sich auf den Einsatz von Industrie 4.0-Technologien und einer intelligenten Produktionssteuerung nach dem Pull-Prinzip konzentriert. Das Ziel ist es, die Effizienz der Produktion zu erhöhen und die Ressourcen zu optimieren [47].

Das Pull-System kann als Gegenteil des Push-Systems angesehen werden, das auf der vorausschauenden Planung von Produktionen basiert. Stattdessen konzentriert sich das Pull-System auf das Verbraucherbedürfnis, d.h., es produziert nur

---

[46] Vgl.: URL https://www.hs-heilbronn.de/de/tobias.bernecker, Hochschule Heilbronn, T. Bernecker, o.D., o.V., Zugriff 30.12.2024.
[47] Vgl.: URL https://www.i40-bw.de/wp-content/uploads/2021/01/Wertschoepfungspotenziale-4.0_Abschlussbericht_HS-KA-ILIN.pdf, Wertschöpfungspotenziale 4.0, Fraunhofer, Hochschule für technik, LIIN, S. Kinkel et al., o.D., Zugriff 30.12.2024.

dann, wenn eine Nachfrage vorhanden ist. Dies bedeutet, dass die Produktion auf Anforderung passiert und dass die Produkte direkt an den Endverbraucher geliefert werden. Ziel des Pull-Systems ist es, die Lieferzeiten zu verkürzen und die Lagerkosten zu senken. Einige der wichtigsten Merkmale des Pull-Systems sind die Fokussierung auf die Kundenanforderungen, die Einhaltung des Just-in-time-Prinzips und die Reduzierung der Lagerbestände.

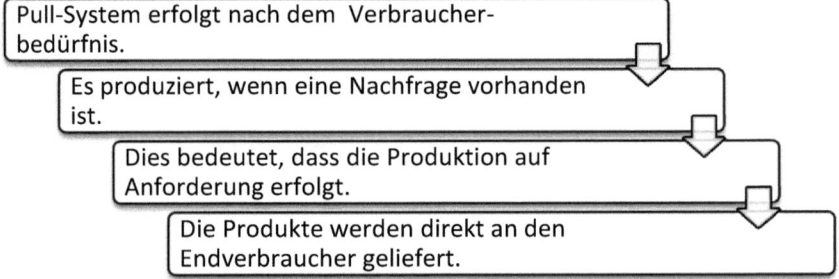

Abbildung 47: Pull-Prinzip

9.7. Soziale Standards

Die Lieferkette (Supply Chain), bildet das Rückgrat des Handels und umfasst alle Schritte von der Rohstoffgewinnung bis zur Auslieferung des Endprodukts an den Kunden. In einer globalisierten Welt sind Lieferketten oft komplex und erstrecken sich über mehrere Länder und Kontinente. Dabei spielen nicht nur wirtschaftliche Aspekte eine Rolle, sondern auch lokale soziale Standards und Menschenrechte. Die Einhaltung dieser Standards ist notwendig, um faire Arbeitsbedingungen sowie den Schutz der Arbeitnehmerrechte und die Vermeidung von Ausbeutung sicherzustellen. Unternehmen stehen vor der Herausforderung, Transparenz und Verantwortung in ihren Lieferketten zu gewährleisten, um ethische und nachhaltige Praktiken zu fördern[48].

Der nachfolgende Text beleuchtet die Ziele sozialer Standards und Menschenrechte im globalen Handel und der lokalen Produktion. Aus dem Kontext der Lieferkette und der Bedeutung sozialer Standards und Menschenrechte im globalen Handel lassen sich nachfolgende Ziele ableiten:

Einhaltung sozialer Standards global

- Sicherstellung fairer Arbeitsbedingungen und Schutz der Arbeitnehmerrechte entlang der gesamten Lieferkette.

---

[48] Vgl.: Das Lieferkettengesetz, offiziell bekannt als Lieferkettensorgfaltspflichtengesetz (LkSG), ist ein deutsches Gesetz, das am 1. Januar 2023 in Kraft trat. Es verpflichtet Unternehmen, die Menschenrechte und den Umweltschutz entlang ihrer gesamten Lieferkette zu achten. Gilt seit 2023 für Unternehmen mit mindestens 3.000 Mitarbeitenden und seit 2024 für Unternehmen mit mindestens 1.000 Mitarbeitenden.

Transparenz und Verantwortung

- Schaffung von Transparenz in der Lieferkette und Übernahme von Verantwortung für ethische und nachhaltige Praktiken.

Förderung nachhaltiger Praktiken

- Implementierung umweltfreundlicher und nachhaltiger Prozesse, um die Umweltbelastung zu minimieren und die Ressourcen zu schonen.

Einhaltung gesetzlicher Vorschriften

- Sicherstellung der Einhaltung nationaler und internationaler Gesetze und Vorschriften im Bereich der sozialen und ökologischen Verantwortung.

Diese Ziele sowie die nachfolgend ausgeführten Beweggründe verdeutlichen, warum die Einhaltung der Menschenrechte und sozialer Standards im globalen Handel von entscheidender Bedeutung ist.

Schutz der Arbeitnehmer

- Sicherstellung fairer und sicherer Arbeitsbedingungen für alle Arbeitnehmer entlang der Lieferkette nebst angemessener Entlohnung.
- Vermeidung von Ausbeutung, Kinderarbeit und Zwangsarbeit.

Soziale Gerechtigkeit

- Förderung der sozialen Gerechtigkeit und Gleichberechtigung in allen Ländern, die an der globalen Lieferkette beteiligt sind.
- Verbesserung der Lebensbedingungen und Chancen für globale und benachteiligte Bevölkerungsgruppen.

Gesetzliche Anforderungen

- Einhaltung nationaler und internationaler Gesetze und Vorschriften zum Schutz der Menschenrechte.
- Vermeidung rechtlicher Konsequenzen und Strafen für Unternehmen.

Unternehmensimage und Reputation

- Aufbau eines positiven Markenimages durch die Einhaltung ethischer Standards und sozialer Verantwortung in der eigenen Lieferkette.
- Gewinnung oder Bindung von Kunden, die Wert auf ethische und sozial korrektes Auftreten legen.
- Förderung nachhaltige Veränderungen zur Einhaltung von Menschenrechten und sozialen Standards in lokalen und globalen Arbeitsstätten.

Stakeholder-Erwartungen

- Erfüllung der Erwartungen von Stakeholdern, einschließlich Investoren, Kunden und Nichtregierungsorganisationen, in Bezug auf soziale Verantwortung.

Es gibt mehrere Methoden, die entlang der Lieferkette eingesetzt werden, um soziale Standards und menschenwürdige Arbeitsbedingungen in den Produktionsstätten vor Ort zu gewährleisten und zu kontrollieren. Diese Methoden tragen dazu bei, soziale Standards und menschenwürdige Arbeitsbedingungen in den Produktionsstätten entlang der Lieferkette zu gewährleisten und zu kontrollieren.

Audits und Inspektionen

- Regelmäßige Überprüfungen und Inspektionen der Produktionsstätten durch unabhängige Auditoren, zu einer Sicherstellung der Einhaltung von Arbeitsstandards und Identifizierung von Verstößen.

Zertifizierungen

- Zertifizierungsprogramme wie Fair Trade, SA8000 Standard und BSCI, der sozialen und arbeitsrechtlichen Standards festlegen.

Lieferantenkodizes

- Verhaltenskodizes, die von Unternehmen erstellt werden und die sozialen und arbeitsrechtlichen Erwartungen an ihre Lieferanten festlegen und sicherstellen, dass Lieferanten die festgelegten Standards einhalten.

Schulungsprogramme

- Schulungen und Workshops für Mitarbeiter und Management in den globalen Produktionsstätten mit dem Ziele der Sensibilisierung für soziale Standards und Förderung menschenwürdiger Arbeitsbedingungen.

Technologieeinsatz

- Nutzung von Technologien, um die Transparenz und Rückverfolgbarkeit entlang der Lieferkette herzustellen.

Stakeholder-Engagement

- Zusammenarbeit mit Nichtregierungsorganisationen (NGOs), Gewerkschaften und anderen Interessengruppen sowie Förderung eines Dialogs und gemeinsamer Anstrengungen zur globalen Verbesserung der Arbeitsbedingungen.

Die Einhaltung sozialer Standards in der Lieferkette ist von großer Bedeutung und bietet zahlreiche Vorteile. Unternehmen, die soziale Standards einhalten, können ihr Markenimage stärken, die Kundenzufriedenheit erhöhen und rechtliche Konsequenzen vermeiden. Diese Vorteile verdeutlichen, warum die

Einhaltung sozialer Standards in der Lieferkette von entscheidender Bedeutung ist.

- Vorteil Verbesserung des Unternehmensimages, denn Unternehmen, die soziale Standards einhalten, werden als verantwortungsbewusst und ethisch wahrgenommen.
- Stärkung des Markenimages und Gewinnung von Kunden, die Wert auf soziale Verantwortung legen.
- Unternehmen, die soziale Standards einhalten, können sich von der Konkurrenz abheben.
- Kunden schätzen Unternehmen, die faire Arbeitsbedingungen und soziale Verantwortung fördern.
- Vermeidung rechtlicher Konsequenzen durch die Einhaltung nationaler und internationaler Gesetze und Vorschriften.
- Förderung einer nachhaltigen globalen Entwicklung durch die weltweite Achtung und Einhaltung sozialer und ökologischer Standards.

Menschenrechte, wie sie in internationalen Übereinkommen definiert sind, umfassen grundlegende Prinzipien wie das Recht auf Leben, Freiheit und Sicherheit. Im Handel liegt die Verantwortung darin, sicherzustellen, dass diese Rechte entlang der gesamten Lieferkette respektiert werden. Im Folgenden sind die wichtigsten Herausforderungen bei der Menschenrechtskonformität ausgeführt.

Arbeiterrechte und faire Entlohnung

- Die Gewährleistung fairer Arbeitsbedingungen und angemessener Entlohnung ist eine grundlegende Anforderung. Dies beinhaltet den Schutz vor Ausbeutung und die Einhaltung von Arbeitszeitvorschriften.
Beispiel: Kinderarbeit

Diskriminierung und Vielfalt

- Die Wahrung der Menschenwürde erfordert den Schutz vor Diskriminierung und die Förderung von Vielfalt am Arbeitsplatz.
- Beispiel: Gleichstellung der Geschlechter

Gesundheit und Sicherheit am Arbeitsplatz

- Arbeitnehmer haben das Recht auf eine sichere Arbeitsumgebung. Die Einhaltung von Sicherheitsstandards ist entscheidend.
- Beispiel 3: Brand- und Gebäudesicherheit in der Bekleidungsindustrie

Verantwortungsbewusstes Lieferkettenmanagement

- Die Einhaltung der Menschenrechte erfordert eine proaktive und ethische Herangehensweise an das Lieferkettenmanagement. Unternehmen müssen kontrollieren und dauerhaft sicherstellen, dass ihre Lieferanten die geforderten ethischen Standards und festgelegten Menschenrechtsstandards einhalten.
- Beispiel: Kontrollen und soziale Audits

Die Einhaltung der Menschenrechte in der Lieferkette und der Arbeitssicherheit ist nicht nur eine ethische Verpflichtung, sondern auch entscheidend für das langfristige Image und den Erfolg eines Handelsunternehmens. Durch eine Umsetzung ethischer Standards können Unternehmen nicht nur ihrer Verantwortung gerecht werden, sondern aktiv einen positiven Beitrag zur globalen sozialen Gerechtigkeit leisten.

10. Technologische Innovationen im Einzelhandel

Der Einsatz von Technologie im Handel verfolgt die Ziele, die Effizienz zu steigern, die Anwenderzufriedenheit zu erhöhen und somit Wettbewerbsfähigkeit zu sichern. Technologie finden wir im Handel bereits vielfach eingesetzt. Diese basiert auf folgenden Beweggründen:

Effizienzsteigerung:

• Technologien wie Selbstbedienungskassen und RFID-Systeme helfen, Prozesse zu beschleunigen und den Personalbedarf zu reduzieren.

Verbessern der Kundenerfahrung:

• Künstliche Intelligenz (KI) und Retail Analytics ermöglichen es Händlern, den Einkauf zu personalisieren und zu verbessern. Beispielsweise können Chatbots Kundenanfragen schnell beantworten und zusätzlich personalisierte Empfehlungen versenden.

Kosten senken:

• Durch Automatisierung können Händler ihre Betriebskosten und Personalkosten senken.

Datenanalyse:

• Technologien ermöglichen es Händlern, große Mengen an Daten zu analysieren und daraus wertvolle Erkenntnisse zu gewinnen, die zur Optimierung von Sortimenten und Verkaufsstrategien genutzt werden können. Weiterhin wird eine datengestützte Entscheidungsfindung ermöglicht.

Flexibilität und Skalierbarkeit:

- Digitale Technologien bieten Händlern die Flexibilität, schnell d.h. zeitnahe auf Marktveränderungen zu reagieren und ihre Geschäftsmodelle zu skalieren.

Im Handel kommen verschiedene Technologien zum Einsatz. Nachfolgend werden einige dieser Technologien vorgestellt.

Künstliche Intelligenz (KI):

- KI wird für Prognosen, Bestandsmanagement, Preisgestaltung und personalisierte Kundenansprache verwendet.

Echtzeit-Analysen:

- Big Data ermöglicht eine Echtzeit-Analyse von Kundenverhalten und -präferenzen.

Datenanalyse:

- Große Datenmengen werden analysiert, um Einblicke in das Kundenverhalten zu gewinnen und Geschäftsstrategien zu optimieren.
- Methoden der Datenanalyse wie Descriptive Analytics beschäftigen sich mit der Zusammenfassung und Darstellung vergangener Ereignisse. Im Retail Management bedeutet dies beispielsweise die Analyse vergangener Verkaufsdaten, um saisonale Trends zu identifizieren.
- Predictive Analytics verwendet Algorithmen und Modelle, um zukünftige Ereignisse vorherzusagen. Im Einzelhandel kann dies dazu genutzt werden, die Nachfrage für bestimmte Produkte vorherzusagen und entsprechende Bestellungen zu tätigen.
- Prescriptive Analytics geht einen Schritt weiter und schlägt Handlungsempfehlungen vor. Im Retail Management könnte dies bedeuten, optimale Preise basierend auf Nachfrage und Wettbewerb festzulegen.

Cloud-Technologien:

- Cloud-basierte Infrastrukturen bieten Flexibilität und Skalierbarkeit, was besonders für die Verwaltung von IT- und ERP-Systemen wichtig ist.

Automatisierung:

- Selbstbedienungskassen, Scan & Go und kassenlose Stores sind Beispiele für die Automatisierung von Prozessen, die den Personalmangel ausgleichen und die Effizienz erhöhen.

Kanal Integration:

- Die Omni-Channel-Integration von Online- und Offline-Kanälen ermöglicht ein nahtloses Einkaufserlebnis, bei dem Kunden online einkaufen und ihre Bestellungen im Geschäft abholen oder umgekehrt.

Mobile Technologien:

- Mobile Geräte und Apps ermöglichen es Kunden, Produkte zu scannen, Informationen abzurufen und Zahlungen zu tätigen.

Elektronische Preisauszeichnung:

- Diese Technologie ermöglicht es, Preise in Echtzeit zu aktualisieren und somit auf Marktveränderungen schnell zu reagieren.

Digital Signage Screens:

- Digital Signage bezeichnet den Einsatz digitaler Bildschirme wie LCD, LED, OLED oder Projektionen, um multimediale Inhalte anzuzeigen. Diese Technologie wird häufig für Informations- und Werbezwecke genutzt. Digitale Displays im Geschäft bieten dynamische Inhalte und Werbung, die auf Kunden zugeschnitten sind.

Nachhaltigkeit:

- Technologien zur Verbesserung der Nachhaltigkeit, wie energieeffiziente Beleuchtung, Beheizung und umweltfreundliche Verpackungen, werden zunehmend wichtiger.

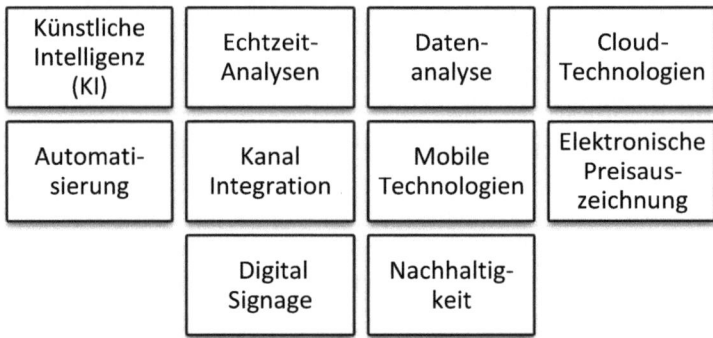

Abbildung 48: Technologie im Handel

Die Einzelhandelsbranche durchlebt gegenwärtig und weiter anhaltend eine tiefgreifende Transformation, getrieben von rasanten technologischen Innovationen. Der Einsatz von Technologie im Handel bringt vielseitige und kostenintensive Herausforderungen mit sich. In diesem Absatz werden die anstehenden Aspekte der dynamischen Beziehung zwischen technologischen Innovationen und dem Retail Management vorgestellt.

Der Einsatz von Technologie im Handel bringt auch Nachteile mit sich. Nachfolgend sind einige ausgewählte Nachteile ausgeführt.

Nachteile:

Hohe Anfangsinvestitionen:

- Die Implementierung neuer Technologien erfordert oft erhebliche finanzielle Mittel, was besonders für kleinere Unternehmen eine Hürde darstellen kann.

Datenschutz und Sicherheit:

- Der Umgang mit großen Datenmengen birgt Risiken für die Privatsphäre und die Sicherheit der Kundendaten. Händler müssen sicherstellen, dass sie den gesetzlichen Anforderungen entsprechen und ihre Systeme vor Cyberangriffen schützen.

Technologieabhängigkeit:

- Eine starke Abhängigkeit von Technologie kann problematisch sein, wenn Systeme ausfallen oder nicht richtig funktionieren. Dies kann zu Betriebsunterbrechungen und Umsatzverlusten führen.

Integration von Datenquellen:

- Die Zusammenführung (Migration) verschiedener Datenquellen und Datensysteme wird eine Herausforderung darstellen.

Komplexität der Integration:

- Die Integration neuer Technologien in bestehende Systeme kann komplex und zeitaufwendig sein. Es erfordert oft spezielle Kenntnisse und Schulungen für das Personal.

Menschlicher Widerstand gegen Veränderungen:

- Mitarbeiter und Kunden können gegenüber neuen Technologien skeptisch sein oder sich schwer anpassen. Dies kann die Akzeptanz und den Erfolg neuer Systeme beeinträchtigen.

- Automatisierung kann zu einem Verlust von Arbeitsplätzen führen, da Maschinen menschliche Arbeit ersetzen.

Kontinuierliche Weiterentwicklung:

- Technologien entwickeln sich ständig weiter, was bedeutet, dass Händler kontinuierlich investieren und sich anpassen müssen, um wettbewerbsfähig zu bleiben.

Schlüsseltechnologien Internet of Things:

- Diese Technologie verbindet physische Objekte mit digitalen Systemen. Smarte Regale, intelligente Kleidungsstücke und vernetzte Geräte ermöglichen eine effizientere Bestandsverwaltung und personalisierte Einkaufserlebnisse.

Technologische Kluft:

- Nicht alle Einzelhändler haben die Ressourcen, um die neuesten Technologien zu implementieren. Dies führt zu einer technologischen Kluft zwischen großen Einzelhandelsketten und kleineren Geschäften.

Ethik im Technologieeinsatz:

- Die Verwendung von Technologie am Point of Sale erfordert eine ethische Reflexion, insbesondere im Hinblick auf den Einsatz von Gesichtserkennung und anderen Überwachungstechnologien.

Die fortlaufende Evolution der Einzelhandelstechnologien verdeutlicht die Evolution von manuellen Kassensystemen zu hochgradig digitalisierten Lösungen. Die Integration von Technologie am Point of Sale im Einzelhandel hat in den letzten Jahren einen dramatischen Wandel erfahren. Dieser Fortschritt im Laden optimierte nicht nur die betriebliche Effizienz, sondern revolutionierte auch die Art und Weise, wie Einzelhändler mit ihrer Kundschaft interagieren.

Ursächlich wurde die voranschreitende Digitalisierung von den beiden folgenden wesentlichen Triebkräften vorangetrieben:

Veränderungen im Verbraucherverhalten:

- Das zunehmend digitale Verhalten der Verbraucher zwang Einzelhändler zu Anpassungen, um relevante und nahtlose Einkaufserlebnisse zu bieten.

Markt-/Wettbewerbsdruck:

- Der scharfe Wettbewerb in der Einzelhandelsbranche veranlasste Unternehmen dazu, vermehrt auf technologische Lösungen zu setzen, um sich differenzierter zu positionieren und effektiver zu agieren.

11. Personalmanagement

Führung, Schulung und der gezielte Einsatz von Mitarbeitenden sind entscheidend für die optimale Betreuung der Endkunden im Handel.

Eine Personalabteilung ist für ein Unternehmen unverzichtbar. Sie sorgt nicht nur für die Rekrutierung und Entwicklung der Mitarbeitenden, sondern auch für deren Zufriedenheit und langfristige Bindung an das Unternehmen.

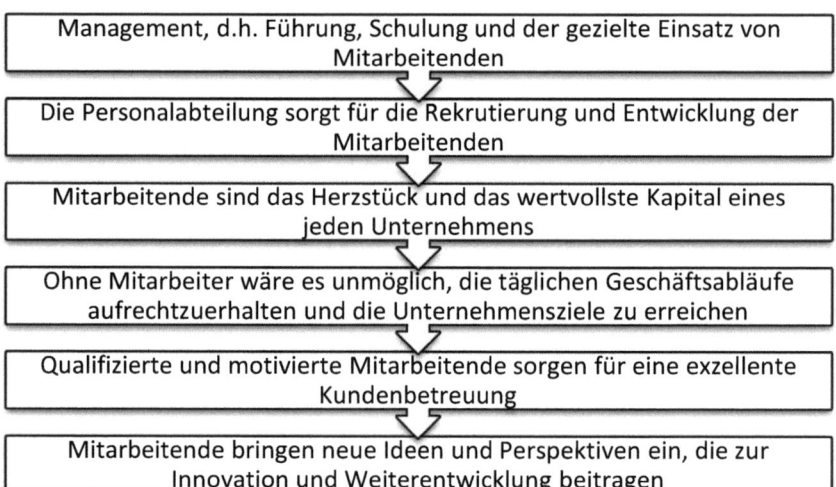

Abbildung 49: Personalmanagement

Mitarbeitende sind das Herzstück und das wertvollste Kapital eines jeden Unternehmens. Ohne sie wäre es unmöglich, die täglichen Geschäftsabläufe aufrechtzuerhalten und die Unternehmensziele zu erreichen. Sie führen die täglichen Aufgaben aus, die notwendig sind, um Produkte zu verkaufen, erbringen

Dienstleistungen und betreuen Kunden. Ohne sie würden die grundlegenden Betriebsabläufe zum Stillstand kommen.

Qualifizierte und motivierte Mitarbeitende sorgen für eine exzellente Kundenbetreuung, die entscheidend für die Kundenzufriedenheit und -bindung ist. Sie sind das Gesicht des Unternehmens und tragen maßgeblich zum positiven Image bei.

Weiterhin bringen Mitarbeitende neue Ideen und Perspektiven ein, die zur Innovation und Weiterentwicklung des Handelsunternehmens beitragen. Ihre Kreativität und ihr Engagement sind entscheidend für das Wachstum und die Anpassungsfähigkeit im Handel und in einem sich ständig verändernden Markt.

Ein Unternehmen besteht aus verschiedenen Abteilungen und Teams, die zusammenarbeiten müssen, um gemeinsame Ziele zu erreichen. Mitarbeitende fördern die Zusammenarbeit und den Austausch von Wissen und Fähigkeiten, was zu besseren Ergebnissen führt. Sie prägen die Unternehmenskultur und das Arbeitsklima. Eine positive Unternehmenskultur fördert die Motivation, Zufriedenheit und Loyalität der Mitarbeitenden, was wiederum die Produktivität und den Erfolg des Unternehmens steigert.

Durch ein effektives Personalmanagement im Unternehmen wird sichergestellt, dass alle Mitarbeitenden bestmöglich eingesetzt werden, um den Erfolg des Unternehmens nachhaltig zu sichern. Die Aufgaben des Personalmanagements sind:

Rekrutierung und Einstellung:

- Die Personalabteilung sorgt dafür, dass das Handelsunternehmen qualifizierte Mitarbeitende findet und einstellt. Dies umfasst die Erstellung von Stellenanzeigen, das Führen von Bewerbungsgesprächen und die Auswahl der besten Kandidaten.

Mitarbeiterentwicklung:

- Sie ist verantwortlich für die Weiterbildung und Entwicklung der Mitarbeitenden. Durch Schulungen und Fortbildungen können Mitarbeitende ihre Fähigkeiten erweitern und sich beruflich weiterentwickeln.

Verwaltung und Organisation:

- Die Personalabteilung kümmert sich um administrative Aufgaben wie Gehaltsabrechnungen, Arbeitsverträge und die Einhaltung arbeitsrechtlicher Vorschriften. Dies stellt sicher, dass alle rechtlichen und organisatorischen Anforderungen erfüllt werden.

Konfliktmanagement:

- Die Personalabteilung ist oft die erste Anlaufstelle bei Konflikten oder Problemen am Arbeitsplatz. Sie hilft, Lösungen zu finden und ein harmonisches Arbeitsklima zu bewahren.
- Sie spielt ebenso eine zentrale Rolle bei der Förderung eines positiven Arbeitsumfelds und der Mitarbeiterzufriedenheit.

Strategische Planung:

- Sie unterstützt die Geschäftsführung bei der strategischen Personalplanung, um sicherzustellen, dass das Unternehmen auch in Zukunft über die notwendigen personellen Ressourcen verfügt.

Diese Vielfalt an Aufgaben zeigt, wie wichtig eine gut funktionierende Personalabteilung für den langfristigen Erfolg und die Stabilität eines Unternehmens ist.

Die Ziele des Handelsunternehmens und die daraus abgeleiteten Anforderungen an das Personalmanagement umfassen sowohl wirtschaftliche als auch soziale Aspekte. Diese unternehmerischen Ziele sind notwendig, damit das Unternehmen erfolgreich und nachhaltig arbeiten kann, indem es sowohl die wirtschaftlichen Anforderungen der Kunden und des Handelsgeschäfts als auch die sozialen Bedürfnisse der Mitarbeitenden berücksichtigt.

Sicherstellung der Personalverfügbarkeit:

- Es ist entscheidend, dass alle Unternehmensbereiche jederzeit mit qualifiziertem Fachpersonal besetzt sind.

Effiziente Nutzung der Mitarbeitenden im Unternehmen:

- Die Mitarbeitenden sollen effizient und flexibel eingesetzt werden, um die Personalkosten zu optimieren und die Wettbewerbsfähigkeit des Unternehmens zu erhalten.

Mitarbeiterzufriedenheit und -bindung:

- Zufriedene Mitarbeitende erbringen bessere Leistungen und identifizieren sich stärker mit dem Unternehmen. Daher ist es wichtig, die Zufriedenheit der Mitarbeitenden zu gewährleisten und zu steigern.

Harmonisierung von Unternehmenszielen und Mitarbeiterbedürfnissen:

- Ein sinnvolles Personalmanagement muss die Bedürfnisse der Mitarbeitenden und die unternehmerischen Ziele in Einklang bringen (Arbeitszeiten).

Förderung eines positiven Betriebsklimas:

- Ein gutes Betriebsklima trägt zur Motivation und Produktivität der Mitarbeitenden bei und ist daher ein wichtiges Ziel des Personalmanagements.

Personalentwicklung:

- Die kontinuierliche Weiterentwicklung der Mitarbeitenden durch Schulungen und Fortbildungen ist ein zentrales Ziel, um die Fähigkeiten und Qualifikationen der Belegschaft zu erhalten, zu verbessern und kunden-/verkaufsorientiert auszubauen.

Die Personalabteilung nutzt eine Vielzahl von Techniken und Methoden im Personalmanagement, um die Effizienz und Zufriedenheit der Mitarbeitenden zu steigern. Diese nachfolgenden Techniken und Methoden tragen dazu bei, dass das Personalmanagement effektiv arbeiten kann. Hier sind einige der wichtigsten:

Rekrutierungsmethoden:

- Dazu gehören Stellenausschreibungen, Bewerbungsgespräche, Assessment-Center und Online-Recruiting-Plattformen. Diese Methoden helfen, die besten Talente für das Unternehmen zu finden und einzustellen.

Mitarbeiterentwicklung:

- Schulungen, Fortbildungen und Coaching-Programme sind zentrale Methoden, um die Fähigkeiten und Qualifikationen der Mitarbeitenden zu verbessern. Dies fördert nicht nur die individuelle Entwicklung, sondern auch die Gesamtleistung des Unternehmens.

Leistungsbeurteilung:

- Regelmäßige Mitarbeitergespräche und Feedback-Runden sind wichtig, um die Leistung der Mitarbeitenden zu bewerten und Entwicklungsbedarfe zu identifizieren. Dies kann durch standardisierte Beurteilungssysteme oder 360-Grad-Feedback erfolgen.

Motivations- und Anreizsysteme:

- Bonussysteme, Prämien, Anerkennungsprogramme und flexible Arbeitszeitmodelle sind Methoden, um die Motivation und Zufriedenheit der Mitarbeitenden zu steigern.

Konfliktmanagement:

- Mediation und Konfliktlösungsstrategien sind wichtig, um ein harmonisches Arbeitsumfeld zu gewährleisten und Spannungen im Team zu reduzieren.

Gutes Personalmanagement bringt dem Handel zahlreiche Vorteile, die sich sowohl auf die Effizienz als auch auf die Zufriedenheit der Mitarbeitenden auswirken, denn „Daten sind das Öl der Zukunft und Mitarbeiter das wertvollste Kapital."

Höhere Produktivität:

Gut betreute und motivierte Mitarbeitende arbeiten effizienter und tragen so maßgeblich zum Unternehmenserfolg bei.

Bessere Mitarbeiterbindung:

- Zufriedene Mitarbeitende bleiben dem Unternehmen länger treu, was die Fluktuation reduziert und die Kosten für die Rekrutierung und Einarbeitung neuer Mitarbeitender senkt.

Verbesserte Kundenbetreuung:

- Qualifizierte und motivierte Mitarbeitende bieten eine bessere Kundenbetreuung, was zu höherer Kundenzufriedenheit, -bindung und Umsätzen führt.

Innovationskraft:

- Mitarbeitende, die sich wertgeschätzt fühlen, sind kreativer und bringen neue Ideen ein, die zur Weiterentwicklung des Unternehmens beitragen.

Positives Betriebsklima:

- Eine gute Personalarbeit fördert ein positives Arbeitsumfeld, dass die Zusammenarbeit und das allgemeine Betriebsklima verbessert.

Geringere Fehlzeiten:

- Zufriedene und motivierte Mitarbeitende sind seltener krank und haben ein geringeres Risiko für Arbeitsunfälle.

Gute Personalarbeit zeigt sich in verschiedenen Strategien, die den Erfolg und die Zufriedenheit der Mitarbeitenden fördern. Im Folgenden finden Sie einige ausgewählte Beispiele. Diese Beispiele zeigen, wie vielfältig und einfach gute Personalarbeit ist, um ein positives Arbeitsumfeld zu schaffen und langfristige Bindungen, Loyalität und den Unternehmenserfolg zu sichern.

Onboarding:

- Ein strukturiertes Rekrutierungsverfahren wird um ein umfassendes Onboarding-Programm ergänzt, das neuen Mitarbeitenden einen reibungslosen Start ermöglicht.

Leistungsbeurteilung und Feedback:

- Implementierung eines transparenten und fairen Systems zur Leistungsbeurteilung, das regelmäßiges Feedback und klare Entwicklungsziele umfasst.

Motivations- und Anreizsysteme:

- Einführung von Bonussystemen, Prämien und Anerkennungsprogrammen, die die Leistungen der Mitarbeitenden honorieren und ihre Motivation steigern.

Flexible Arbeitszeitmodelle:

- Angebote wie Homeoffice, flexible Arbeitszeiten und Teilzeitmodelle, die den Mitarbeitenden helfen, Beruf und Privatleben besser zu vereinbaren.

Gesundheitsförderung:

- Programme zur Förderung der physischen und psychischen Gesundheit der Mitarbeitenden, wie z.B. Betriebssport, Gesundheitschecks und Stressmanagement-Workshops.

Die Personalarbeit der Zukunft steht vor einer Vielzahl von Herausforderungen, die durch technologische, demografische und gesellschaftliche Veränderungen geprägt sind. Hier sind einige der wichtigsten Herausforderungen, sowohl allgemein als auch speziell für den Einzelhandel:

Digitalisierung und Automatisierung:

- Die fortschreitende Digitalisierung verändert die Art und Weise, wie Personalabteilungen arbeiten. Der Einsatz von Technologien wie Künstlicher Intelligenz (KI) und Datenanalysen zur Automatisierung von Prozessen und zur Unterstützung bei Entscheidungen wird immer wichtiger.

Fachkräftemangel:

- Der anhaltende Mangel an qualifizierten Fachkräften stellt Unternehmen vor die Herausforderung, talentierte Mitarbeitende zu finden und langfristig zu binden. Dies erfordert innovative Rekrutierungsstrategien und attraktive Arbeitsbedingungen.

Diversität und Inklusion:

- Unternehmen müssen zunehmend eine diverse und inklusive Unternehmenskultur fördern, um wettbewerbsfähig zu bleiben und die Innovationskraft zu steigern. Dies erfordert gezielte Maßnahmen zur Förderung von Vielfalt und Gleichberechtigung am Arbeitsplatz.

Arbeitsrechtliche Entwicklungen:

- Ständige Änderungen in den gesetzlichen Rahmenbedingungen erfordern, dass Personalabteilungen stets auf dem neuesten Stand sind und sicherstellen, dass ihre Praktiken den aktuellen Vorschriften entsprechen.

Diese Herausforderungen zeigen, wie wichtig es ist, dass Personalabteilungen sich kontinuierlich weiterentwickeln und innovative Lösungen finden, um den sich wandelnden Anforderungen gerecht zu werden. Auch nachfolgende spezifische Herausforderungen sind zu bewältigen:

Saisonale Schwankungen:

- Der Einzelhandel ist stark von saisonalen Spitzenzeiten wie Weihnachten oder dem Sommerschlussverkauf abhängig. Dies erfordert eine flexible Personalplanung und die Fähigkeit, kurzfristig zusätzliches Personal zu rekrutieren.

Hohe Fluktuation:

- Die Fluktuationsrate im Einzelhandel ist oft hoch, was die Mitarbeiterbindung zu einer besonderen Herausforderung macht. Unternehmen müssen Strategien entwickeln, um die Zufriedenheit und Loyalität der Mitarbeitenden zu erhöhen.

Schulung und Weiterbildung:

- Da viele Mitarbeitende im Einzelhandel oft unerfahren sind, ist eine kontinuierliche Schulung und Weiterbildung notwendig, um sicherzustellen, dass sie die erforderlichen Fähigkeiten und Kenntnisse besitzen.

Technologische Anpassungen:

- Der Einzelhandel muss sich ständig an neue Technologien anpassen, wie z.B. digitale Kassensysteme und Lagerverwaltungssoftware. Dies erfordert, dass die Mitarbeitenden regelmäßig geschult werden, um mit diesen Technologien umgehen zu können.

Kundenerlebnis:

- Da der direkte Kontakt mit den Kunden im Einzelhandel entscheidend ist, müssen die Mitarbeitenden gut vorbereitet und motiviert sein, um ein positives Kundenerlebnis zu schaffen. Dies erfordert eine gezielte Personalentwicklung und -führung.

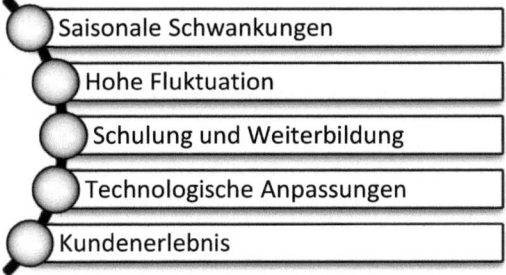

Abbildung 50: Herausforderung Personal

12.   Finanzmanagement

Die Budgetierung, Kostenkontrolle und Rentabilitätsanalysen sind zentrale Elemente der Planung und Kontrolle finanzieller Ressourcen in einem Handelsunternehmen. Die Ziele des Finanzmanagements sind vielfältig und entscheidend für den langfristigen Erfolg und die Stabilität der Unternehmung. Durch eine sorgfältige Finanzplanung und -überwachung können Handelsunternehmen ihre wirtschaftlichen Ziele erreichen und gleichzeitig die finanzielle Gesundheit sicherstellen. Die Ziele des Finanzmanagements sind nachfolgend ausgeführt.

Liquiditätssicherung:

- Ein zentrales Ziel des Finanzmanagements ist die Sicherstellung der Liquidität, also die Fähigkeit des Unternehmens, seinen finanziellen Verpflichtungen jederzeit nachkommen zu können.

Kostenkontrolle und Effizienz:

- Durch eine sorgfältige Planung und Überwachung der finanziellen Ressourcen sollen die Effizienz gesteigert und die Kosten kontrolliert werden. Dies hilft, unnötige Ausgaben zu vermeiden und die Rentabilität zu erhöhen.

Risikomanagement:

- Das Finanzmanagement identifiziert und bewertet finanzielle Risiken und entwickelt Strategien, um diese zu minimieren. Dies umfasst unter anderem das Management von Währungsrisiken, Zinsrisiken und Kreditrisiken.

Kapitalbeschaffung und -verwendung:

- Ein weiteres Ziel ist die optimale Beschaffung und Verwendung von Kapital. Dies beinhaltet die Auswahl der besten

Finanzierungsmöglichkeiten und die effiziente Nutzung der verfügbaren Mittel für Investitionen und Betriebskosten.

Gewinnmaximierung:

- Durch die strategische Planung und Steuerung der finanziellen Ressourcen kann der Gewinn des Unternehmens maximiert werden. Dies umfasst die Optimierung der Umsatzströme und die Reduzierung der Kosten.

Wertsteigerung:

- Langfristig trägt das Finanzmanagement dazu bei, den Unternehmenswert zu steigern. Dies wird durch eine nachhaltige und profitable Geschäftsentwicklung erreicht.

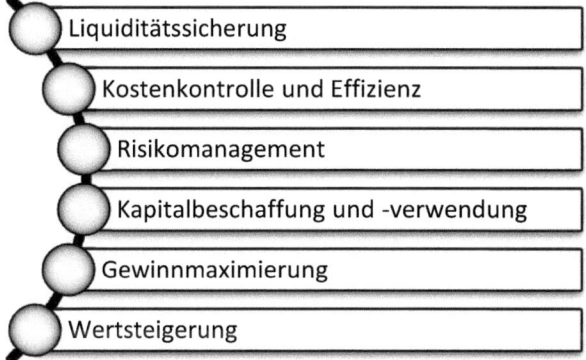

Liquiditätssicherung

Kostenkontrolle und Effizienz

Risikomanagement

Kapitalbeschaffung und -verwendung

Gewinnmaximierung

Wertsteigerung

Abbildung 51: Ziele des Finanzmanagements

Die nachfolgenden Aspekte zeigen auf, wie wichtig ein effektives Finanzmanagement für den langfristigen Erfolg und die Stabilität eines Handelsunternehmens ist:

Sicherstellung der Liquidität:

- Ein effektives Finanzmanagement sorgt dafür, dass das Unternehmen jederzeit über genügend finanzielle Mittel verfügt, um seine laufenden Verpflichtungen zu erfüllen. Dies ist entscheidend, um Zahlungsengpässe zu vermeiden und die Stabilität des Unternehmens zu gewährleisten.

Kostenkontrolle und Effizienz:

- Durch sorgfältige Planung und Überwachung der finanziellen Ressourcen hilft das Finanzmanagement, die Kosten zu kontrollieren und die Effizienz zu steigern. Dies trägt dazu bei, unnötige Ausgaben zu vermeiden und die Rentabilität zu erhöhen.

Risikomanagement:

- Das Finanzmanagement identifiziert und bewertet finanzielle Risiken und entwickelt Strategien, um diese zu minimieren. Dies umfasst unter anderem das Management von Währungsrisiken, Zinsrisiken und Kreditrisiken.

Kapitalbeschaffung und -verwendung:

- Ein weiteres Ziel ist die optimale Beschaffung und Verwendung von Kapital. Dies beinhaltet die Auswahl der besten Finanzierungsmöglichkeiten und die effiziente Nutzung der verfügbaren Mittel für Investitionen und Betriebskosten.

Gewinnmaximierung:

- Durch die strategische Planung und Steuerung der finanziellen Ressourcen soll der Gewinn des Unternehmens maximiert werden. Dies umfasst die Optimierung der Umsatzströme und die Reduzierung der Kosten.

Wertsteigerung:

- Langfristig soll das Finanzmanagement dazu beitragen, den Unternehmenswert zu steigern. Dies wird durch eine nachhaltige und profitable Geschäftsentwicklung erreicht.

Die Methoden des Finanzmanagements zielen ebenfalls darauf ab, finanzielle Stabilität und Wachstum zu sichern. Nachfolgend sind einige Methoden beispielhaft ausgeführt.

Budgetierung und Finanzplanung:

- Umfasst die Erstellung von detaillierten Budgets und Finanzplänen, die die erwarteten Einnahmen und Ausgaben für einen bestimmten Zeitraum festlegen. .

Liquiditätsmanagement:

- Hierbei geht es darum, sicherzustellen, dass das Unternehmen jederzeit über ausreichende Liquidität verfügt, um seine laufenden Verpflichtungen zu erfüllen. Dies kann durch die Überwachung von Zahlungsströmen und die Verwaltung von kurzfristigen Finanzierungen erreicht werden.

Kosten- und Leistungsrechnung:

- Dient der Erfassung und Analyse der Kosten, die bei der Produktion von Waren oder Dienstleistungen anfallen. Sie hilft, die Rentabilität zu überwachen und Kosteneinsparungspotenziale zu identifizieren.

Investitionsanalyse:

- Bevor Investitionen getätigt werden, werden verschiedene Analysemethoden wie die Kapitalwertmethode, die Amortisationsrechnung oder die interne Zinsfußmethode angewendet, um die Rentabilität und das Risiko der Investition zu bewerten.

Finanzcontrolling:

- Diese Methode umfasst die Überwachung und Steuerung der finanziellen Aktivitäten des Unternehmens. Durch regelmäßige Berichte und Analysen wird sichergestellt, dass die finanziellen Ziele erreicht werden und Abweichungen frühzeitig erkannt werden.

Risikomanagement:

- Das Finanzmanagement identifiziert und bewertet finanzielle Risiken und entwickelt Strategien, um diese zu minimieren. Dies kann durch den Einsatz von Hedging-Instrumenten oder Versicherungen erfolgen.

Die nachfolgenden Ausführungen verdeutlichen, dass ein funktionierendes Finanzmanagement viele Vorteile bietet, aber auch Herausforderungen und potenzielle Nachteile mit sich bringt, die sorgfältig und gesamthaft gemanagt werden müssen.

Nachteile

- Komplexität und Aufwand: Ein umfassendes Finanzmanagement erfordert detaillierte Planung, Überwachung und Analyse, was zeitaufwendig und komplex sein kann.
- Kosten für Technologie und Personal: Die Implementierung und Aufrechterhaltung eines effektiven Finanzmanagements verursacht Kosten, insbesondere für spezialisierte Software und qualifiziertes Personal.
- Regulatorische Herausforderungen: Die Einhaltung gesetzlicher Vorschriften und regulatorischer Anforderungen kann eine zusätzliche Belastung darstellen und erfordert ständige Aktualisierungen und Anpassungen.
- Abhängigkeit von Datenqualität: Ein effektives Finanzmanagement ist stark von der Qualität und Genauigkeit der verfügbaren Daten abhängig. Fehlerhafte oder unvollständige Daten können zu falschen Entscheidungen führen.

Diese Herausforderungen zeigen, wie wichtig es ist, dass Finanzabteilungen sich kontinuierlich weiterentwickeln, um den sich wandelnden Anforderungen gerecht zu werden. Nachfolgend sind ausgewählte Herausforderungen vorgestellt:

Digitalisierung und Automatisierung:

- Die fortschreitende Digitalisierung erfordert, dass Finanzabteilungen moderne Technologien wie Künstliche Intelligenz (KI) und Datenanalysen nutzen, um Prozesse zu automatisieren und fundierte Entscheidungen zu treffen. Dies erfordert Investitionen in neue Systeme und die Schulung der Mitarbeitenden.

Datenmanagement und -sicherheit:

- Mit der zunehmenden Menge an Daten, die Unternehmen sammeln und verarbeiten, wird das Management und die Sicherheit dieser Daten immer wichtiger. Finanzabteilungen müssen sicherstellen, dass sie über sichere und robuste Systeme verfügen, um Daten zu schützen und gleichzeitig die gesetzlichen Anforderungen erfüllen.

Regulatorische Anforderungen:

- Die sich ständig ändernden gesetzlichen und regulatorischen Anforderungen stellen eine große Herausforderung dar. Finanzabteilungen müssen stets auf dem neuesten Stand bleiben und sicherstellen, dass ihre Praktiken den aktuellen Vorschriften entsprechen.

Globale Märkte und Währungsrisiken:

- Die zunehmende Globalisierung bedeutet, dass Handelsunternehmen mit verschiedenen Währungen und internationalen Märkten umgehen müssen. Dies erfordert ein effektives Risikomanagement, um Währungsrisiken und andere finanzielle Unsicherheiten zu minimieren.

Flexibilität:

- In einer sich schnell verändernden Geschäftswelt müssen Finanzabteilungen in der Lage sein, schnell auf Veränderungen zu reagieren. Dies erfordert flexible Finanzpläne und die Fähigkeit, Budgets und Ressourcen kurzfristig anzupassen.

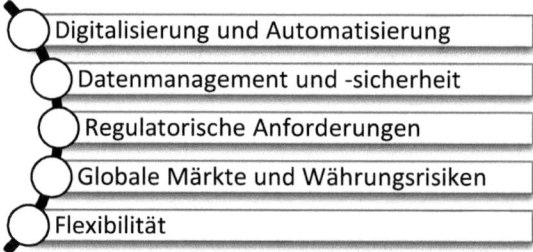

Digitalisierung und Automatisierung

Datenmanagement und -sicherheit

Regulatorische Anforderungen

Globale Märkte und Währungsrisiken

Flexibilität

Abbildung 52: Herausforderung im Finanzmanagement

13. Schlusswort

13.1. Zusammenfassung

Das Buch "Retail Management schnell erklärt" bietet einen umfassenden Überblick über die wesentlichen Aspekte des Handelsmanagements und richtet sich sowohl an Einsteiger als auch an erfahrene Fachleute. Es gliedert sich in mehrere Kapitel, die jeweils wichtige Themen des Retail Managements behandeln.

Das erste Kapitel führt in das Thema ein und bietet eine historische Betrachtung des Handels. Es beleuchtet die nachhaltige Entwicklung und die Bedeutung des Handels im Laufe der Zeit. Zudem werden die grundlegenden Handelskonzeptionen, Ziele und die Bedeutung des Handels erläutert. Entwicklungen und Trends sowie der Wandel im Handel werden ebenfalls thematisiert. Abschließend werden Abgrenzungen und die Vorgehensweise des Buches vorgestellt.

Die Standortwahl ist ein entscheidender Faktor für den Erfolg eines Handelsunternehmens. Daher behandelt das zweite Kapitel die Bedeutung der Standortwahl und die verschiedenen Standortfaktoren, die bei der Entscheidung berücksichtigt werden müssen. Es werden verschiedene Analysemethoden vorgestellt, darunter die Zentrale-Orte-Theorie, die Gravitationstheorie, das Hotelling-Modell, die Geomarketing-Analyse, Scoring-Modelle und der Break-Even-Point.

Ist der Standort gefunden, umfasst das Ladenmanagement alle Aspekte der Verwaltung und Gestaltung eines Ladengeschäfts. Im dritten Kapitel wird das Laden- und Store Management, das Ladenlayout und das visuelle Merchandising behandelt. Es wird erläutert, wie durch eine optimale Gestaltung des Ladens die Kundenbindung gefördert werden kann. Zudem wird der effiziente Personaleinsatz im Ladenmanagement thematisiert.

Das Sortimentsmanagement ist ein zentraler Bestandteil des Handelsmanagements und wird in Kapitel vier beschrieben. Die Ziele des Sortimentsmanagements und die verschiedenen Sortimentsarten werden ausführlich vorgestellt. Es wird erläutert, wie die Durchführung und Optimierung des Sortimentsmanagements erfolgen, unter anderem durch Methoden wie die ABC-Analyse, die XYZ-Analyse, des Sortimentscontrolling, dem Warengruppenmanagement und der Portfolio-Analyse. Auch der Produktlebenszyklus und praktische Beispiele werden behandelt.

Ein effizientes Lager- und Bestandsmanagement ist entscheidend für die Verfügbarkeit von Waren und die Minimierung von Lagerkosten. Das Kapitel fünf beschreibt die Funktionen, Ziele und Strategien des Lager- und Bestandsmanagements sowie die Herausforderungen, die in diesem Bereich auftreten können.

Kapitel sechs behandelt die Aufgaben und Ziele des Beschaffungsmanagements sowie verschiedene Beschaffungsstrategien, einschließlich der Strategien im Handel und mit Lieferanten, nach geografischer Ausrichtung, nach Bedarf und zu Nachhaltigkeitsaspekten. Das Beschaffungsmanagement umfasst die Planung und Steuerung des Wareneinsatzes. Auch digitale Beschaffungsstrategien und das Risikomanagement werden thematisiert, einschließlich der Durchführung und der FMEA-Analyse.

Den Gegenpol zur Beschaffung bildet das Vertriebsmanagement, welches für die Positionierung und den Verkauf der Produkte verantwortlich zeichnet. Das Kapitel sieben beschreibt die Aufgaben des Vertriebsmanagements, die Vorgehensweise bei der Positionierung und verschiedene Marketingstrategien. Preisstrategien, Verkaufsförderung und die Wahl der Vertriebswege werden thematisiert.

Ein effektives Kundenmanagement ist entscheidend für die Akquisition, Bindung und Entwicklung von Kunden. Dieses Thema wird in Kapitel acht behandelt in der Identifikation von Kunden, der Akquisition neuer Kunden, der Bindung bestehender Kunden und der langfristigen Kundenentwicklung.

Das Supply Chain Management in Kapitel neun umfasst die gesamte Lieferkette eines Unternehmens. Dieses Kapitel beschreibt die Aufgaben und Ziele des Supply Chain Managements sowie die verschiedenen Bereiche der Logistik, einschließlich Beschaffungslogistik, Produktionslogistik, Distributionslogistik und Entsorgungslogistik. Nachhaltigkeit und soziale Standards werden ebenfalls thematisiert.

Technologische Innovationen spielen eine immer größere Rolle im Einzelhandel. Das Kapitel zehn behandelt den Einsatz von Technologie am Point of Sale, E-Commerce und Mobile Commerce sowie die Nutzung von Data Analytics im Retail Management.

Das Personalmanagement ist für die Rekrutierung, Entwicklung und Bindung von Mitarbeitenden verantwortlich. Im Kapitel elf werden die Ziele und Methoden des Personalmanagements und deren Bedeutung für den Erfolg des Handelsunternehmens beschrieben.

Das vorletzte Kapitel behandelt die Ziele des Finanzmanagements, einschließlich der Sicherstellung der Liquidität, der Kostenkontrolle und der Gewinnmaximierung. Das Finanzmanagement umfasst die Planung und Kontrolle der finanziellen Ressourcen des Unternehmens.

Das Buch schließt mit einer Zusammenfassung und einem Ausblick auf zukünftige Entwicklungen im Retail Management. Und so endet diese Reise, nicht als Schluss, sondern als Anfang eines neuen Kapitels, das nur darauf wartet, geschrieben zu werden.

13.2.   Ausblick

Die sich ständig wandelnde Einzelhandelslandschaft wird durch eine Vielzahl von Faktoren beeinflusst, die das Retail Management maßgeblich prägen. Ein gewagter und mutiger Blick in die Trends der Zukunft dieses Bereichs kann spannende Einblicke bieten, die für die kommenden Jahre von Bedeutung sein könnten. Die Zukunft des Retail Managements wird durch mehrere zentrale Entwicklungen geprägt. Diese voraussichtlichen Trends zeigen, dass das Retail Management zunehmend technologiegetrieben, kundenorientiert und nachhaltig ausgerichtet sein wird, um den Anforderungen des modernen Marktes und der Kunden gerecht zu werden.

Digitalisierung und Technologieintegration

- Künstliche Intelligenz (KI) und Datenanalyse: Der Einsatz von KI ermöglicht präzisere Prognosen und personalisierte Kundenerlebnisse. Die Nutzung von Datenanalysen und künstlicher Intelligenz wird entscheidend, um das Verbraucherverhalten zu verstehen und personalisierte Dienstleistungen anzubieten.
- Automatisierte Smart Stores: Automatisierte Geschäfte (7 Tage /24 Stunden) revolutionieren den Einzelhandel, indem sie Prozesse effizienter gestalten und das Einkaufserlebnis verbessern.

Omni-Channel-Strategien

- Die nahtlose Integration von Online- und Offline-Kanälen wird entscheidend werden, um den Kunden ein konsistentes Einkaufserlebnis zu bieten. Dies umfasst Optionen wie "Click & Collect" und die Synchronisation von Produkten, Regalware und Lagerbeständen über alle Kanäle hinweg.
- Die nahtlose Integration von physischen und digitalen Verkaufskanälen ist zukünftig unerlässlich.
- Die Weiterentwicklung von Augmented Reality im elektronischen Handel, der über mobile Endgeräte wie Smartphones, Tablets oder Laptops genutzt werden, wird zu noch realistischeren virtuellen Shopping-Erlebnissen führen und die Kundenbindung weiter stärken.

Nachhaltigkeit und Umweltbewusstsein

- Verbraucher legen zunehmend Wert auf umweltfreundliche Praktiken. Einzelhändler werden darauf mit nachhaltigen Verpackungen und verantwortungsbewussten Lieferketten reagieren, um den ökologischen Fußabdruck zu minimieren.
- Nachhaltigkeitspraktiken sind nicht nur moralisch wichtig, sondern werden zukünftig einen klaren Wettbewerbsvorteil bieten. Verbraucher werden nachhaltig produzierte Marken bevorzugen. Einzelhändler müssen durch umweltfreundliche Initiativen ihre nachhaltige Markenreputation verteidigen.

Personalisierung und Kundenerlebnis

- Durch die Analyse von zukünftigen Kundendaten sind maßgeschneiderte Angebote und personalisierte Einkaufserlebnisse alltäglich.
- Die Integration von Künstlicher Intelligenz wird im E-Commerce weiter zunehmen, um personalisierte

Einkaufsangebote und -erlebnisse basierend auf dem individuellen Nutzerverhalten zu schaffen.

Anpassung an veränderte Arbeitsmarktbedingungen

- Der Fachkräftemangel zwingt Einzelhändler dazu, innovative Lösungen wie Hybrid-Theken einzuführen, die sowohl bedient als auch zur Selbstbedienung genutzt werden können.

Ich wünsche Ihnen weiterhin viel Erfolg und Freude bei der Lektüre des vorliegenden Buches "Retail Management" schnell erklärt.

14.   Verzeichnisse

14.1.   Literatur

Anslinger, T. (2018). *Auf dem Weg zum Einkauf 4.0*. Beschaffung aktuell, Heft 67.

Arnolds, H. (2016). *Materialwirtschaft und Einkauf*, Springer Gabler Verlag, 13. Auflage.

Babiel S. (2021). *Remote Leadership*. Wermelskirchen: Profil M Beratung.

Bachmann, P. (2014). *Procurement Outsourcing in small to intermediate companies*. Norderstedt: Grind.

Berekoven, Ludger (2012): *Hardselling: Verkaufen heißt verkaufen - So kommen Sie zum Abschluss*. München: Redline Verlag.

Berekoven, Ludger (2014): *Erfolgreich im Einzelhandel: Eine Systemanleitung, in 10 Schritten zum König im Handelsgeschäft*. München: Redline Verlag.

Berman, Barry, Evans, Joel R. (2018): "Retail Management: A Strategic Approach", Upper Saddle River: Pearson.

Bode, C. (2018). *Gerüstet für die Zukunft*. Beschaffung 03/2018, 28-29.

Bogaschewsky, R. (2016). *Industrie 4.0 wie verändern sich die IT-Systeme im Einkauf und SCM*. Frankfurt: BMW e.V.

Brockhoff, Klaus (2013): *Handelsmanagement: Grundlagen, Strategien, Instrumente*. Wiesbaden: Springer Gabler.

Bruhn, M. (1999). *Marketing*. Wiesbaden: Gabler.

Büsche, M. (2011). *Praxishandbuch Strategischer Einkauf*. Wiesbaden: Gabler.

Dall'Olmo Riley, Francesca, Harris, Patricia, Baron, Steve (2012): *Retail Product Management: Buying and Merchandising*. New York: Routledge

Darr, W. (2017). *Digitale Transformation zum Einkauf 4.0*. Hamburg: Tredition.

Diamond, Michael A., Pintel, Gerald (2008): *Retail Buying: From Basics to Fashion*. New York: Fairchild Books.

Diller, Hermann (2016): *Handelsbetriebslehre: Vom Einzelhandel zum E-Business*. Stuttgart: Schäffer-Poeschel.

Diller, Hermann (2017): *Handelsmarketing: Strategien und Instrumente für den stationären Einzelhandel und für Online-Shops*. Stuttgart: Schäffer-Poesch.

Dunne, Patrick M., Lusch, Robert F. (2016): *Retailing*, Boston: Cengage Learning.

Elliott F., Rider J. (2000): *Retail Buying Techniques*. Gloucestershire: Management Books 2000 Ltd.

Fernie, John, Sparks, Leigh (2014): *Logistics and Retail Management: Emerging Issues and New Challenges in the Retail Supply Chain*, London: Kogan Page

Fraunhofer IML. (2016). *Einkauf 4.0 Digitalisierung des Einkaufs*. Dortmund: Frauenhofer Institut für Materialfluss und Logistik IML.

George S., et.al (2006): *Process improvement and quality management in the retail industry*. New Jersey: John Wiley & Sons.

Gibson, Brian J., Perreault, William D. Jr., McCarthy, E. Jerome (2018): *Retailing Management*. New York: McGraw-Hill Education.

Gmür, Markus (2016): *Kundenwert im Multichannel Handel: Strategien und Konzepte für den Mittelstand*. Wiesbaden: Springer Gabler.

Günter, H. (2013). *Technisches Beschaffungsmanagement*. Berlin: uni-edition.

Hentrich J. (2001): *B2B-Katalogmanagement*. Bonn: Rheinwerk.

Igler, L. (2018). *Für zukünftige digitale Aufgaben gerüstet*. BIP best in procurement, S. 13.

Klemmann, F. (2017). *Einkauf 4.0: Digitale Transformation der Beschaffung (essentials)*. Berlin: Springer.

Kollmann, T. (2008): *E-Business: Grundlagen elektronischer Geschäftsprozesse in der Net Economy*. Wiesbaden: Gabler.

Kotler, Philip, Keller, Kevin Lane (2015): "Marketing Management", Harlow: Pearson.

Kotler, Philip (2016): *Marketing Management*. München: Pearson Studium.

Levy, Michael, Weitz, Barton A. (2016): "Retailing Management", New York: McGraw-Hill Education.

Lheureux, F. (2018). *Datenqualität ist das A und O*. Beschaffung aktuell, S. 41.

Liebmann H. et.al (2008): *Handelsmanagement*. München: Franz Vahlen.

Liebetruth, T. (2016). *Prozessmanagement im Einkauf und Logistik*. Berlin: Springer.

Lopp, V. (2018): *IT-Einkauf kompakt: Wie man Informationstechnik effizient und kostenoptimiert beschafft*. Wiesbaden: Springer Vieweg.

Meffert, Heribert (2019): *Marketing: Grundlagen marktorientierter Unternehmensführung*. Wiesbaden: Springer Gabler.

Müller, N. (2018). *Der Einkauf wird sich dramatisch verändern*. Beschaffung aktuell, Nr. 78.

Neftel P. (2020). *Speed-Guide: erfolgreich digital Kommunizieren*. Norderstedt: BOD.

Nenninger, M. (2002): *B2B-Erfolg durch eMarkets und eProcurement. Strategien und Konzepte, Systeme und Architekturen, Erfahrungen und Best Practice*. Wiesbaden: Vieweg.

Pautsch, P. (2015). *Automatisierung*. Hamburg: Hanser Fachbuch.

Rapp, Bernhard (2015): *Multichannel im Handel: Strategien, Konzepte, Erfahrungen*. Stuttgart: Schäffer-Poeschel.

Renner, B. (2010). *BPO im HRM*. Rheinfelden/Schweiz: BPX-Edition Rheinfelden.

Rudolf, T. (2009): *Modernes Handelsmanagement*. Stuttgart: Schäfer-Poeschel.

Schröer, T. (2018). *Stammdatenqualität im Zuge der Digitalisierung (whitepaper)*. Aachen: DQC Data Quality Center .

Schulte M. (2007): *Informationsverarbeitung im Handel*. Saarbrücken: VDM Verlag Dr. Müller.

Schupp, F. (2018). *Digitalisierung im Einkauf*. Wiesbaden: Springer.

Schwalbach, L. (2019). *Optimierungen der Beschaffung*. Norderstedt: BoD.

Schwalbach, L. (2018). *Einkauf 4.0 – Umsetzung der Digitalisierung*, Norderstedt: BoD.

Schwalbach, L. (2018). *Datenpflege im Einkauf*. Norderstedt: BoD.

Schwalbach, L. (2017) *Lean Management im Einkauf und Beschaffung*. Norderstedt: BoD.

Seimert, W. (2010). *Wissenschaftliche Arbeiten schreiben mit Microsoft Office Word 2010*. Heidelberg: Hüthig Jehle Rehm GmbH.

Stern, Louis W., El-Ansary, Adel I., Coughlan, Joseph (2012): *Marketing Channels.* Upper Saddle River: Pearson.

Stollenwerk, A. (2016). *Wertschöpfungsmanagement im Einkauf.* Berlin: Springer.

Thomsen, E. (2014). *Automatisierung Arbeitsbuch.* Bonn: Wissenschaft und Praxis.

Vettel, O. (2003): *Effizientes digitales Katalogmanagement für mittelständige Unternehmen mit Blick auf .net-Technologien.* Hamburg: Diplomica.

Varley R., Rafig M. (2004): *Principles of retail management.* Hampshire: Palgrave.

Wasiljewa, A. (2018). *Ohne saubere Stammdaten in Einkauf und Finance verpuffen Big Data-Potenziale.* Beschaffung aktuell, Nr. 7.

Weiß, E. (2015). *Automatisierung Grundlagen der Führung und Organisation lernender Unternehmen.* Berlin: Schmidt Erich.

Zentes, J. et.al (2011): *Strategic retail management.* Wiesbaden: Gabler.

Zentes J., Swoboda B. (2012): *Globales Handelsmanagement.* Frankfurt: Deutscher Fachverlag.

Zentes, Joachim (1998): *Handelsmanagement: Strategien, Konzepte und Instrumente.* Stuttgart: Schäffer-Poeschel.

14.2. Abbildungen

14.3. Tabellen

14.4. Formeln

14.5.   Abkürzungen

ABC   Methode zur Klassifizierung nach ABC-Kriterien

AR   Augmented Reality

B2B   Unternehmen, die Waren an Unternehmen verkaufen

B2C   Unternehmen, die Waren an Endkunden verkaufen

BEP   Break-Even-Analyse

BCP   Boston Consultant Portfolio

Bspw.   Beispielsweise

CPS   cyber-physischen System

CO_2 Kohlendioxid (Treibhausgas)

CRM   Customer Relations Management

DB   Deckungsbeitrag

D2C   Direct-to-Consumer (direkt an Endverbraucher)

D.h.   das heißt

DSGVO Datenschutz-Grundverordnung

DIN   Deutsche Norm

EDI   Electonic Data Interchange

EK   Einkauf

ERP   Enterprise Resource Planning

FMEA Fehlermöglichkeiteneinflussanalyse

FiFo   First in First out

Gfk   Gesellschaft für Konsumforschung

HR   Human Ressource

IT   Informationstechnologie

IOT   Internet of Things

JIT   Just in Time

KI	Künstliche Intelligenz
k.o.	knock-out
KVP	kontinuierlicher Verbesserungsprozess
lt.	laut
LF	Lieferant
Log.	Logistik
Mgt.	Management
Nr.	Nummer
PLZ	Produktlebenszyklus
PoS	Point of Sale
QM	Qualitätsmanagement
op.	Operativer
RFID	Radio-Frequency Identification
RPZ	Risikoprioritätszahl
SAP	Software Anbieter Fa. SAP
SC	Supply Chain
SCM	supply chain management
SB	Sicherheitsbestand
Strat.	strategischer
URL	unify ressource locator
USP	Unique Selling Point
Usw.	und so weiter
VA	Virtuelle Reality
WE	Wareneinsatz
XYZ	Methode zur Klassifizierung nach XYZ Kriterien

Herausgeber und Autor

Dipl. Ing., Dipl. Wirtsch. Ing. (FH), MBA Lutz Schwalbach.

Erststudium: Allgemeiner Maschinenbau, Produktionstechnik.
Lutz Schwalbach studierte Maschinenbau an der Technischen Hochschule Karlsruhe, berufsbegleitend Wirtschaftsingenieurwesen an der Hochschule Zweibrücken und Erwerb des Master of Business and Administration an der Hochschule Kaiserslautern.

Als Manager mit profit & loss Verantwortung deckt er ganzheitlich die materialwirtschaftlichen Belange eines Unternehmens von der Arbeitsvorbereitung, Disposition, Fertigungsplanung- und Steuerung, Produktionsleitung, strategischem und operativem Einkauf, Qualitätswesen bis zur Sortimentspflege ab.

Profunde Erfahrung im Lean Management, Six Sigma (black belt), Supply Chain Manager DLA, REFA, QMB, im interkulturellen Arbeiten und dem Projektmanagement.

- Meine Expertise: Einkauf, Beschaffung, Logistik.
- Meine Leidenschaft: Neues planen, Veränderung gestalten, Menschen bewegen, Gewinne realisieren.
- Mein Motto: Früher lag das Geld im Einkauf, heute liegt es im digitalisierten Prozess und Sie steuern den Prozess.

Aktuell arbeitet er als Leiter Supply Chain für ein Maschinenbauunternehmen, davor in national und international geprägten Unternehmen und Konzernen der Branchen Elektrotechnik, Baustoff, Handel, Maschinen &Anlagenbau und der Industrie.

URL: https://www.schwalbachlutz.de/

Veröffentlichungen

Lutz Schwalbach: Lieferantensuche und -auswahl mit KI, 2024

Lutz Schwalbach: Der industrielle Einkauf der Zukunft, 2024.

Lutz Schwalbach: Wertschöpfung als Einkaufsfunktion, 2024.

Lutz Schwalbach: Katalogmanagement im Einkauf, 2023.

Lutz Schwalbach: Preissenkungen im Einkauf, 2023.

Lutz Schwalbach: Prozesseffizienz im Einkauf, 2023.

Lutz Schwalbach: Wertschöpfung als Einkaufsfunktion, 2023.

Lutz Schwalbach: Wert und Mehrwert des Einkaufs, 2021.

Lutz Schwalbach: Konflikte aus Phrasen im Einkauf, 2021.

Lutz Schwalbach: Mentales Training im Einkauf, 2021

Lutz Schwalbach: Einkauf schnell erklärt, 2021.

Lutz Schwalbach: Agiles Arbeiten im Einkauf, 2021.

Lutz Schwalbach: Grundlagen des Einkaufs, 2021.

Lutz Schwalbach: Künstliche Intelligenz im Einkauf, 2021.

Lutz Schwalbach: Scrum im Einkauf, 2020.

Lutz Schwalbach: RPA, Software & App´s im Einkauf, 2020.

Lutz Schwalbach: Schnittstellenmanagement, 2020.

Lutz Schwalbach: Outsourcing der Einkaufsprozesse, 2020.

Lutz Schwalbach: Automatisierungen operativen Einkauf, 2020.

Lutz Schwalbach: Optimierungen der Beschaffung, 2019.

Lutz Schwalbach: Einkauf 4.0 – Digitalisierung, 2018.

Lutz Schwalbach: Datenpflege im Einkauf, 2018.

Lutz Schwalbach: Optimierung der Anzahl Lieferanten, 2018.

Lutz Schwalbach: Arbeitsteilung im Einkauf, 2017.

Lutz Schwalbach: Lean Management im Einkauf, 2017.

Lutz Schwalbach: Verbessern der Lieferzuverlässigkeit, 2015.

Lutz Schwalbach: Liefertreue und Lieferpünktlichkeit, 2015.

Lutz Schwalbach: Bestands- und Vorratssenkung, 2013.

Lutz Schwalbach: Auswahl und Auslistung von Artikeln, 2013.

Lutz Schwalbach: Ein deutsch-indisches Projektteam, 2011.